Juliane Müller

PIMP YOUR ENGLISH LESSON!

Kreative Ideen für eine abwechslungsreiche Arbeit mit jedem Englisch-Lehrwerk

Verlag an der Ruhr

IMPRESSUM

Titel
Pimp your English lesson!
Kreative Ideen für eine abwechslungsreiche Arbeit mit jedem Englisch-Lehrwerk

Autorin
Juliane Müller

Umschlagmotive/Bilder im Innenteil (wenn nicht anders angegeben):
Tafel-Hintergrund: © Stillfx; Buch: © sljubisa; Glühbirne: © fotogestoeber – alle Fotolia.com; Download-Icon: © JJAVA – stock.adobe.com

Lektorat
Antje Lehbrink

Druck
AZ Druck und Datentechnik GmbH, Kempten, DE

Verlag an der Ruhr
Mülheim an der Ruhr
www.verlagruhr.de

Alle im Download befindlichen Dateien finden Sie unter: www.verlagruhr.de/zusatzdownloads

Geeignet für die Klassen 5–10

ISBN 978-3-8346-4223-3

INHALTSVERZEICHNIS

Vorwort ... *6*
Methodenübersicht ... *9*
Tippübersicht ... *13*

Ein Tipp vorab ... **14**

Kapitel 1

RITUALE ZU STUNDENBEGINN UND -ENDE ... 15

warm-up activities ... ***16***
Show me ... 16
Jump start ... 17
Drill instructor ... 18

conclusion ... ***19***
See you later, alligator! ... 19
Tonight at the dinner table ... 20

Kapitel 2

EINSTIEG IN EINE NEUE UNIT ... 21

Wishful thinking ... 22
Where am I? ... 24
Ping pong ... 25
5 words about 26
Fantasy trip ... 28

Kapitel 3

TEXTARBEIT ... 31

pre-reading activities ... ***32***
I spy with my little eye 32
Mystery words ... 33
5 feelings ... 35
Audiobook start ... 37

INHALTSVERZEICHNIS

while-reading activities **39**
Inner conflict 39
Get together and talk! 41
Be creative and write! 43

post-reading activities **46**
My story words 46
Expert presentation 48
Story emoticons 50
Text response 53

improving reading fluency **54**
Buddy reading 54
Stopwatch reading 55

Kapitel 4

VOKABELARBEIT 57

My life, my words 58
Personal vocabulary categories 59
Vocabulary milling around 60
Table tests 61
Guess my words 63
Vocabulary quiz I 65
Vocabulary quiz II 66
Backwords 67
Vocabulary story 68
Word field on the board 69
My room 70
Numbers 71

Kapitel 5

GRAMMATIK ÜBEN 73

Running dictation 74
Clap your hands 76
Busy pictures 78
Learning buffet 79

INHALTSVERZEICHNIS

Kapitel 6

KOMMUNIKATIVE GRAMMATIKÜBUNGEN JENSEITS DES LEHRWERKS 83

Get up! 84
Battleship 85
Fun time 87
Picture postcards from … LA? 89
So many problems to solve! 91
The perfect birthday present 92

Ein Tipp zum Schluss 94

Anhang

KOPIERVORLAGEN 99

KV 1: *Working with pictures* 100
KV 2: *Useful phrases* 101
KV 3: *Working with texts* 102
KV 4: *Writing an inner monologue/a diary entry/ an email* 103
KV 5: *Feelings* 104
KV 6: *My personal vocabulary categories* 105
KV 7: *Word fields: animals, my room, sports* 106
KV 8: *Numbers practice* 107
KV 9: *Running dictation and partner dictation* 108
KV 10: *Battleship* 109
KV 11: *Picture postcards from … LA?* 110
KV 12: *So many problems to solve!* 111

VORWORT

Liebe Kollegen[1],

tagtäglich arbeiten wir mit dem Lehrwerk. Ich finde, es bietet eine fantastische Grundlage und *Guideline*, auf deren Basis **jede Englischstunde ohne viel Vorbereitung eine Sternstunde** werden kann – vorausgesetzt, Sie haben die entsprechenden Methoden im Kopf und einige wenige Zusatzarbeitsblätter, die Ihnen bei der Umsetzung dieser Ideen im Unterricht helfen.
Genau solch ein **universelles „Handwerkszeug"** möchte ich Ihnen mit diesem Band für die **Sekundarstufe I** an die Hand geben. Die hier vorgestellten Methoden unterstützen Sie bei der täglichen Arbeit mit dem Lehrwerk – ganz egal mit welchem –, sind alle schnell und einfach vorzubereiten und auf **hohe Schüleraktivität** und die **Förderung des Mündlichen** ausgerichtet. Viele der vorgestellten Methoden haben spielerischen Charakter und wirken vor allem in den jüngeren Klassen **sehr motivierend**. Besondere Beachtung finden die Bereiche „Textarbeit", „Vokabeln üben" und „Grammatik üben".
Die Grammatikübungen im letzten Kapitel kommen übrigens auch ohne Lehrwerk aus – sie lassen sich jedoch schnell und problemlos in den Unterricht mit dem Buch integrieren und sind vielseitig anwendbar. Mit ihrer Hilfe können Sie Themen aus dem Lehrwerk auf motivierende Art und Weise festigen.

Alle Methodenvorschläge folgen einem **einheitlichen Aufbau**: Zu Beginn gibt Ihnen ein Infokasten jeweils Auskunft über das wichtigste Ziel, die Klassenstufen, in denen die Methode eingesetzt werden kann, die Dauer, die Sozialform sowie ggf. benötigte Materialien. Es folgen eine leicht verständliche Beschreibung der Methode, eine ausführlichere Erläuterung der Zielsetzung und, wo sinnvoll, eine Idee zur Weiterführung bzw. zusätzliche Hinweise. Teilweise gibt es auch Vorschläge für Varianten, bspw. für jüngere Klassenstufen. Manche Methoden lassen sich auch in der Oberstufe noch einsetzen. In solchen Fällen lautet die Aufgabe der Klassenstufen bspw. „ab Kl. 7"

Bevor Sie nun loslegen, möchte ich Ihnen noch ein paar **praktische Hinweise** mit auf den Weg geben:

Viele Methoden beinhalten ein ***Milling around***. Hier bewegen sich die Schüler im Raum und gehen nacheinander auf verschiedene Partner zu, mit denen sie über ein vorgegebenes Thema sprechen. Wenn beide Partner miteinander gesprochen haben, trennen sie sich voneinander und suchen sich ein neues

---

[1] Aus Gründen der besseren Lesbarkeit habe ich in diesem Buch durchgehend die männliche Form verwendet. Natürlich sind damit auch immer Frauen und Mädchen gemeint, also Lehrerinnen, Schülerinnen etc.

Gegenüber. Das *Milling around* eignet sich gut, um möglichst viele Schüler zu aktivieren und in geschütztem Raum zum Sprechen zu bringen.

Zu einigen Methoden finden Sie im Anhang **Kopiervorlagen (KV)**, die die Durchführung erleichtern, z. B. indem sie den Schülern passende Redemittel anbieten. Diese sind thematisch geordnet, bspw. befinden sich alle Redemittel zur Textarbeit auf einer KV. So können Sie entscheiden, ob Sie den Schülern die komplette Seite austeilen oder nur die für die jeweilige Stunde notwendigen Redemittel. Ich persönlich bevorzuge es, wenn die Schüler verschiedene Redemittel immer parat haben. So verwende ich z. B. *Responding to literature* und *Responding to informational texts* (siehe KV 3) sehr häufig und lasse meine Schüler dieses Blatt deshalb in ihr *Workbook* einkleben. Dann können sie immer spontan darauf zurückgreifen und die Redemittel festigen sich.
Wenn Sie die KV nicht aus dem Anhang hochkopieren möchten, können Sie sie auch **bequem aus dem Internet herunterladen** DOWNLOAD (siehe Link im Impressum, S. 2) und direkt im DIN-A4-Format ausdrucken. Alternativ lassen sich die KV im Anhang natürlich auch per Dokumentenkamera an die Wand projizieren, oder aber Sie nutzen die digitale Version aus dem Downloadangebot für eine Präsentation per Whiteboard bzw. Beamer. Die genannten Präsentationsmöglichkeiten gelten selbstverständlich auch für andere zu präsentierende Inhalte, wie sie in den einzelnen Methoden teilweise vorgeschlagen werden.

Zwischendurch gibt es im ganzen Buch immer wieder **Tippkästen**, in denen ich, basierend auf meinen Unterrichtsbeobachtungen in Referendarstunden, einige Hinweise zusammengetragen habe, durch die der Englischunterricht ganz leicht und sehr deutlich verbessert werden kann. Sie helfen, die Stunden besser zu strukturieren und den Lernerfolg der Schüler zu erhöhen, und stehen somit unter dem Motto: **„Some little things that make a big difference"**.

Um Ihnen die Auswahl der Methoden zu erleichtern, finden Sie auf S. 9–12 eine **Übersichtstabelle**, die Ihnen die **Zielsetzung jeder Methode** liefert und zugleich die jeweilige Seitenzahl (sowie ggf. die Seitenzahl der zugehörigen KV im Anhang) angibt. Darüber hinaus können Sie sich in der Tabelle auf S. 13 auch einen **Überblick über die im Buch enthaltenen Tippkästen** verschaffen.

VORWORT

Zum Schluss möchte ich mich bei meinen Lektorinnen Frau Deventer und Frau Lehbrink für die hervorragende Zusammenarbeit bedanken. Es ist immer wieder eine Freude zu sehen, wie ein Buch durch den Gedankenaustausch über Konzept und Aufbau zusammenwächst – dann macht selbst das gemeinsame Überarbeiten des Manuskriptes ganz am Ende Spaß! Mein Dank geht außerdem an meinen Mann, der so manche Methode oder ihre Beschreibung durch kritische Fragen oder Anmerkungen verbessert hat.

Ich wünsche Ihnen und Ihren Schülern viel Freude beim Ausprobieren der Methoden.

Juliane Müller

Methodenübersicht

Zielsetzung		Methode	Klassenstufe	Seite	KV, Seite
Rituale zu Stundenbeginn und -ende					
warm-up activities	Vorhandensein des Unterrichtsmaterials sicherstellen	Show me …	5–6	S. 16	
	Direktes Eintauchen in die englische Sprache	Jump start	ab Kl. 7	S. 17	
	Festigung grammatikalischer Strukturen	Drill instructor	5–6	S. 18	
conclusion	Gemeinsamer Abschluss der Stunde	See you later, alligator!	5	S. 19	
	Gemeinsamer Abschluss der Stunde, Festigung des in der Stunde Gelernten	Tonight at the dinner table	ab Kl. 7	S. 20	
Einstieg in eine neue *Unit*					
Einstimmung auf das Thema der *Unit*, Festigung der *conditional clauses*		Wishful thinking	6–9	S. 22	
Einstimmung auf das Thema der *Unit*		Where am I?	6–9	S. 24	
Aktivierung von Vorwissen		Ping pong	ab Kl. 5	S. 25	
Herstellen eines persönlichen Bezugs zum Thema der *Unit*		5 words about …	6–9	S. 26	
Einstimmung auf eine *Unit* zur Landeskunde		Fantasy trip	7–10	S. 28	
Textarbeit					
pre-reading activities	Inhaltliche Vorentlastung des Textes	I spy with my little eye …	5–6	S. 32	**KV 1,** S. 100
	Inhaltliche Vorentlastung des Textes	Mystery words	6–10	S. 33	**KV 2,** S. 101
	Inhaltliche Vorentlastung des Textes	5 feelings	ab Kl. 7	S. 35	
	Direktes Eintauchen in die Geschichte	Audiobook start	7–9	S. 37	

METHODENÜBERSICHT

	Zielsetzung	Methode	Klassenstufe	Seite	KV, Seite
while-reading activities	Sicherung des Textverständnisses durch emotionale Auseinandersetzung mit einem Charakter	Inner conflict	ab Kl. 7	S. 39	**KV 3,** S. 102
	Sicherung des Textverständnisses durch verschiedene Redeanlässe	Get together and talk!	ab Kl. 7	S. 41	ggf. **KV 4,** S. 103
	Sicherung des Textverständnisses durch kreative schriftliche Arbeit	Be creative and write!	ab Kl. 7	S. 43	ggf. **KV 3,** S. 102 bzw. ggf. **KV 4,** S. 103
post-reading activities	Wiedergabe des Textinhaltes mithilfe von persönlich gewählten Schlüsselwörtern	My story words	ab Kl. 6	S. 46	
	Sicherung des Textverständnisses durch mündlichen Austausch über Inhalte	Expert presentation	ab Kl. 8	S. 48	
	Intensive Beschäftigung mit dem Textinhalt	Story emoticons	ab Kl. 7	S. 50	**KV 5,** S. 104 und **KV 3,** S. 102
	Sicherung des Textverständnisses durch Herstellung eines persönlichen Bezugs zum Text und mündlichen Austausch über den Inhalt	Text response	ab Kl. 8	S. 53	**KV 3,** S. 102
improving reading fluency	Verbesserung des Leseflusses	Buddy reading	5–9	S. 54	
	Verbesserung des Leseflusses	Stopwatch reading	5–9	S. 55	

METHODENÜBERSICHT

Zielsetzung	Methode	Klassenstufe	Seite	KV, Seite
Vokabelarbeit				
Aufbau eines persönlichen Bezugs zu den Vokabeln	My life, my words	ab Kl. 5	S. 58	
Aufbau eines persönlichen Bezugs zu den Vokabeln	Personal vocabulary categories	ab Kl. 5	S. 59	**KV 6,** S. 105
Wiederholung und Festigung der Vokabeln	Vocabulary milling around	ab Kl. 5	S. 60	
Wiederholung und Festigung der Vokabeln	Table tests	ab Kl. 5	S. 61	
Vermittlung von Redemitteln zur Beschreibung von Vokabeln, Wiederholung und Festigung von Vokabeln	Guess my words	ab Kl. 6	S. 63	**KV 2,** S. 101
Wiederholung und Festigung der Vokabeln und ihrer Rechtschreibung	Vocabulary quiz I	6–7	S. 65	
Wiederholung und Festigung der Vokabeln und ihrer Rechtschreibung	Vocabulary quiz II	5–7	S. 66	
Wiederholung und Festigung von Vokabeln mit schwieriger Rechtschreibung	Backwords	5–7	S. 67	
Wiederholung und Festigung der Vokabeln	Vocabulary story	ab Kl. 7	S. 68	
Festigung des Vokabulars eines bestimmten Wortfelds	Word field on the board	ab Kl. 5	S. 69	**KV 7,** S. 106
Festigung der Vokabeln für Farben, Möbel und Präpositionen	My room	5	S. 70	
Festigung der Zahlen von 1–100	Numbers	5	S. 71	**KV 8,** S. 107

Methodenübersicht

Zielsetzung	Methode	Klassenstufe	Seite	KV, Seite
Grammatik üben				
Training der Rechtschreibung, neu gelernter Strukturen oder der Unterscheidung zwischen Genitiv- und Plural-s	Running dictation	5–7	S. 74	**KV 9,** S. 108
Fokussierung der Aufmerksamkeit der Schüler auf ein (neues) Grammatikthema oder ein bestimmtes Wortfeld	Clap your hands	5–7	S. 76	
Festigung von *present progressive, past progressive* oder *will-future*	Busy pictures	5–7	S. 78	
Selbstständiges Üben in Einzel- oder Partnerarbeit	Learning buffet	5–10	S. 79	
Kommunikative Grammatikübungen jenseits des Lehrwerks				
Festigung einer neu eingeführten Zeitform	Get up!	5–6	S. 84	
Festigung einer neu eingeführten Zeitform	Battleship	5–9	S. 85	**KV 10,** S. 109
Festigung der Bildung von positiven und negativen Sätzen in verschiedenen Zeitformen	Fun time	5–9	S. 87	
Festigung des *gerund*	Picture postcards from … LA?	7–9	S. 89	**KV 11,** S. 110 ggf. **KV 12,** S. 111
Festigung der *conditional clauses II*	So many problems to solve!	7–9	S. 91	**KV 12,** S. 111
Festigung der Entscheidungsfragen im *simple present* bzw. des *gerund*	The perfect birthday present	6–9	S. 92	

TIPPÜBERSICHT

Thema	Tipp	Seite
Unterrichtsorganisation		
Phasenübergänge	Wie eine Perlenkette	S. 14
Stundenbeginn	Tafel auf!	S. 18
Verwendung eines akustischen Signals	Keine Macht den Halsschmerzen!	S. 27
Klare Zeitangaben	An die Arbeit!	S. 40
Gruppeneinteilung ohne Chaos	Get together in groups!	S. 49
Umgang mit Heterogenität	Same same, but different!	S. 81
Sprachförderung		
Einsprachigkeit im Englischunterricht	Black sheep	S. 34
Strukturiertes Schreiben kreativer Texte	Erst denken, dann schreiben!	S. 45
Feedback geben	Gutes Feedbackgeben will gelernt sein	S. 52
Gedanken verschriftlichen	Take notes!	S. 64
Grammatikregeln auffrischen	Wie war das noch mal?	S. 77
Schüler auf Fehler aufmerksam machen	Attention, please!	S. 80
Fehlerkorrektur	„Your best teacher is your last mistake."[2]	S. 94

[2] *Ralph Nader (2012):* The Seventeen Solutions: Bold Ideas for Our American Future, Harper Paperbacks, S. 259

EIN TIPP VORAB

Wie eine Perlenkette

Eine gute Unterrichtsstunde ist wie eine Perlenkette: Sie besteht aus einzelnen wertvollen Perlen. Aber nur, wenn diese durch einen Faden zusammengehalten werden, entsteht eine Kette daraus. Und nur, wenn die einzelnen wertvollen Unterrichtsphasen durch entsprechende Übergänge und einen roten Faden zusammengehalten werden, entsteht eine runde Stunde. Diese Übergänge sind essentiell, denn sie machen den Schülern transparent, warum sie was als nächsten Schritt machen. Menschen, die einen Sinn in ihrer Arbeit sehen, sind immer motivierter bei der Sache. Weil dies so einfach zu erreichen ist, möchte ich im Folgenden ein paar Formulierungen für Phasenübergänge vorstellen:

Einstieg → Erarbeitungsphase/Erarbeitungsphase I → Erarbeitungsphase II

- *Let's see what these words have/this picture has to do with the text I'd like to read with you/our new unit.*
- *Having talked about [e.g. how you like to spend a rainy day], let's see how our friends from the school book like to [e.g. spend a rainy day].*
- *I can see that you already know a lot of things about [e.g. London]. Let's see what else this great city has to offer!*
- *Having talked about X's feelings, let's see how the story goes on.*

Einführung der Grammatik → Übungsphase

- *Now that all of you know how to form [e.g. the gerund], let's make use of it together.*
- *Let's practise this together!*
- *I have the impression that you are already experts on [e.g. the simple past]! That's great! Unfortunately, there are some special forms you need to learn, too. Let's have a look at these special forms together!/ Can you find these special forms in the examples?*
- *You are doing great. However, there's one more thing you need to learn, and this is quite tricky. I need your attention!*
- *I can see that you are doing quite well here. Let's move on to the next step! This exercise is a bit more difficult, but I'm sure you can do it.*

Kapitel 1

RITUALE ZU STUNDENBEGINN UND -ENDE

SHOW ME ...

warm-up activities

Ziel:	Vorhandensein des Unterrichtsmaterials sicherstellen
Klassenstufe:	5–6
Dauer:	ca. 1 Minute
Sozialform:	Plenum

Beschreibung

Fordern Sie die Schüler zu Beginn jeder Stunde auf, Ihnen nacheinander alle Unterrichtsmaterialien zu zeigen:

- *Show me your English book.*
- *Show me your Workbook.*
- *Show me your exercise book.*
- ...

Zielsetzung

Durch das Zeigen der Materialien und die damit verbundene Bewegung wird den Schülern der Stundenbeginn deutlich und alle Schüler haben nach dem Einstieg sämtliche notwendigen Materialien auf dem Tisch. Lautes Wühlen in ihren Rucksäcken während der Stunde wird so vermieden.

Weiterführung

Nachdem Sie das Ritual zu Beginn einiger Stunden angeleitet haben, können Schüler die Leitung übernehmen und ihre Mitschüler dazu auffordern, die Materialien zu zeigen.

Hinweis

Das Zeigen der Materialien eignet sich nicht nur für den Stundeneinstieg, sondern auch für eine schnelle Kontrolle von Hausaufgaben im *Workbook*. Wenn alle Schüler ihr offenes *Workbook* hochhalten, können Sie schnell erkennen, wer die Aufgabe erledigt hat.

JUMP START

warm-up activities

Ziel: direktes Eintauchen in die englische Sprache
Klassenstufe: ab Kl. 7
Dauer: ca. 2 Minuten
Sozialform: 2er-Teams

Beschreibung

Geben Sie den Schülern ein für sie ansprechendes und vom Unterrichtsinhalt unabhängiges Gesprächsthema vor, über das sie sich im Anschluss mit ihrem Partner 1–2 Minuten unterhalten sollen. Gehen Sie in dieser Phase nicht herum, um den Schülern beim Sprechen zuzuhören. Die folgenden Themenvorschläge sollen Ihnen ein paar Anregungen geben:

- *Your grandparents give you 30 € and tell you to spend this money on a great day with friends. What do you do together?*
- *Things to do on a rainy day*
- *Your favourite place*
- *A memory you'd like to keep forever*
- *Quality time with your family/a family member*
- *One thing you'd like to be better at and why*
- *Three things that make you happy*
- *A great trip*
- *Where would you go if you could travel in time?*
- *What would you do if you were the school's principal for one day?*
- *You plan a picnic together. What's in your picnic basket?*
- *If you could pack your suitcase and go on holidays right now, where would you go and what would you do?*
- *A weekend/holiday highlight*
- *Three things that make a perfect Saturday*

Zielsetzung

Durch den *Jump start* sollen die Schüler in geschütztem Raum in die englische Sprache hineinkommen. In dieser Phase sollten Sie ihnen bewusst nicht zuhören, damit es ihnen leichter fällt, ihre Sprachhemmungen abzubauen.

DRILL INSTRUCTOR

warm-up activities

Ziel:	Festigung grammatikalischer Strukturen, z. B. die Konjugation von *(to) be* oder die drei Formen der unregelmäßigen Verben
Klassenstufe:	5–6
Dauer:	ca. 3 Minuten
Sozialform:	Plenum

Beschreibung

Starten Sie die Stunden, in denen Sie die entsprechende Struktur wiederholen und üben möchten, mit einem „Formendrill": Sie geben den Schülern einen Impuls, die Schüler reagieren. Geben Sie z. B. ein Pronomen vor und die Schüler rufen Ihnen die passenden Formen von *(to) be* zu (Sie: *„I"*, Schüler: *„am"*, Sie: *„you"*, Schüler: *„are"*, etc.). Um die Zeitformen der unregelmäßigen Verben zu festigen, geben Sie das deutsche Wort vor, die Schüler rufen die drei englischen Formen.

Zielsetzung

Durch das wiederholte Chorsprechen zu Beginn der Stunde prägen sich die Formen ein. Da das gemeinsame Rufen Gemeinschaftssinn erzeugt, sind die Schüler i. d. R. motiviert bei der Sache.

TIPP

Tafel auf!

Achten Sie darauf, dass die Tafel zu Stundenbeginn sauber und aufgeklappt ist. Wenn die Schüler in der Englischstunde noch die Gleichung der vorangegangenen Mathestunde an der Tafel sehen, können sie sich schlechter auf Englisch einstellen. Auch Schmierereien an der Tafel sind störend – Sie können sicher auch besser an einem aufgeräumten Schreibtisch mit der Arbeit beginnen als an einem Tisch, auf dem alles kreuz und quer liegt.
Ähnlich wie im Bereich der Körpersprache wirkt eine offene Tafel einladender als eine verschlossene.

SEE YOU LATER, ALLIGATOR!

conclusion

Ziel: gemeinsamer Abschluss der Stunde
Klassenstufe: 5
Dauer: ca. 1 Minute
Sozialform: Plenum
Material/Medien: Präsentationsmöglichkeit für das Gedicht

Beschreibung

Am Ende der Stunde verabschieden sich alle Schüler voneinander, indem sie das folgende *Goodbye poem* im Chor sprechen. Präsentieren Sie den Schülern das Gedicht – sie werden es bereits nach wenigen Stunden auswendig können.

See you later, alligator!
After a while, crocodile.[3]
Give a hug, ladybug.
See you soon, raccoon.
Out the door, dinosaur.

Zielsetzung

Das kurze Gedicht bietet einen schönen gemeinsamen Abschluss der Stunde. Die Reime prägen sich gut ein und die Schüler verlassen den Unterricht in einer positiven Stimmung.

Hinweis

Wenn Sie in der Google-Bildersuche *See you later, alligator* eingeben, finden Sie viele schöne Variationen dieses *Goodbye poems*. Wenn Ihre Schüler Freude am Goodbye-Ritual haben, können Sie das *Goodbye poem* in gewissen Abständen (z. B. immer nach den Ferien) ändern.

---

[3] Die ersten beiden Zeilen stammen aus dem Song „See you later, alligator"
Quelle: *Robert Guidry:* See you later, Alligator © 1955 by Arc Music Cop. New York
Für D/A/CH: Edition Melodia Hans Gerig, Bergisch Gladbach

TONIGHT AT THE DINNER TABLE

conclusion

Ziel: gemeinsamer Abschluss der Stunde, Festigung des in der Stunde Gelernten
Klassenstufe: ab Kl. 7
Dauer: ca. 5 Minuten
Sozialform: 2er-Teams, Plenum

Beschreibung

Beenden Sie Ihre Stunde im Plenum mit folgender Frage: *„Imagine you are having dinner with your parents tonight. Of course they want to know everything about your day, so they ask you what you learned in your English class. So what did you learn today? What will you tell them tonight at the dinner table?"* Lassen Sie die Schüler zunächst in 2er-Teams abwechselnd eine Sache sagen, die sie gelernt haben. Dabei sollen sie möglichst präzise Auskunft geben. Statt zu sagen: *„I learned what you can do in New York"*, sollen sie z. B. sagen: *„I learned that you can visit the Empire State Building in New York. It's 381 metres high."* Lassen Sie die Schüler das Gelernte abschließend im Plenum noch einmal zusammentragen.

Zielsetzung

Indem die Schüler das Gelernte noch einmal in eigene Worte fassen, prägt es sich besser ein. Durch die Wiederholung im Plenum festigt sich der Stoff.

Kapitel 2

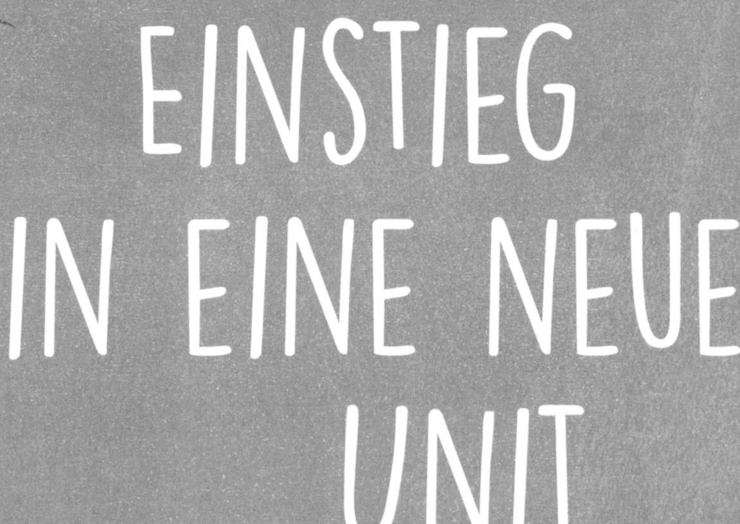

EINSTIEG IN EINE NEUE UNIT

WISHFUL THINKING

Ziel:	Einstimmung auf das Thema der *Unit*, Festigung der *conditional clauses*
Klassenstufe:	6–9
Dauer:	ca. 5 Minuten
Sozialform:	2er-Teams
Material/Medien:	Redemittel *Describing/Jumping into a picture/photo* auf **KV 1:** *Working with pictures* (S. 100)

Hinweis

Häufig stimmt das Lehrbuch die Schüler mithilfe von Bildern auf das Thema der neuen *Unit* ein. Der Einstieg *Wishful thinking* eignet sich besonders dann, wenn die Bilder sehr unterschiedlich sind und es um ein landeskundliches Thema geht, sodass z. B. Klippen, eine Einkaufsstraße und ein Strandabschnitt zu sehen sind.

Beschreibung

Nach kurzer Betrachtung der Bilder suchen sich die Schüler eines davon aus, in das sie gern hineinspringen würden. Dann beschreiben sie ihrem Partner das Bild mithilfe der Redemittel auf der KV und fantasieren darüber, was sie tun würden, wenn sie im Bild wären, z. B.: *„If I were in this picture, I would go hiking. I would have a great view, and I would take many pictures."* Der Partner rät, um welches Bild es sich handelt.

Zielsetzung

Indem die Schüler sich mit den Bildern befassen, wird ihre Neugierde auf die neue Unit geweckt, und sie werden auf das Thema eingestimmt. Ganz nebenbei prägt sich die Struktur der *conditional clauses II* ein.

Weiterführung

Nach der Partnerarbeitsphase können einige Schüler gebeten werden, noch einmal im Plenum zu sagen, in welches Bild sie gern hineinspringen würden, warum und was sie dort machen würden.

Variante: Guess my picture

In Klasse 5 verfügen die Schüler noch nicht über das notwendige Vokabular, um Bilder zu beschreiben. Hier können Sie die Beschreibung eines Bildes zur neuen *Unit* selbst übernehmen und die Schüler raten lassen, um welches Bild es sich handelt.
Gerade in den unteren Jahrgangsstufen sind auch die Lehrbuchtexte noch stark bebildert. Indem Sie die Schüler raten lassen, welches der Bilder zum Text Sie beschreiben, sehen sich die Schüler diese genau an. So wird der dazugehörige Text automatisch inhaltlich vorentlastet.

WHERE AM I?

Ziel: Einstimmung auf das Thema der *Unit*
Klassenstufe: 6–9
Dauer: ca. 3 Minuten
Sozialform: 2er-Teams

Hinweis

Diese Methode eignet sich als Einstieg in eine neue *Unit*, wenn die Lehrbuchbilder, die die Schüler einstimmen sollen, recht ähnlich sind.

Beschreibung

Nach kurzer Betrachtung der Bilder suchen sich beide Partner eines aus, in das sie hineinspringen. Dann beschreibt Partner A Partner B, was er in diesem Bild gerade macht, wie er sich fühlt etc. Geht es in der neuen *Unit* um den Alltag der Schüler, sodass auf den Bildern entsprechende Situationen zu sehen sind (Familie beim Essen, Teenager beim Erledigen der Hausaufgaben, Geschwister beim Aufräumen des eigenen Zimmers, Familie vor dem Fernseher mit Snacks auf dem Tisch), könnten die Hinweise lauten: *„I'm not alone. I'm eating something. It's delicious. I hope we'll have dessert, too."* Partner B rät, in welchem Bild Partner A sein könnte.

Zielsetzung

Indem die Schüler sich mit den Bildern befassen, wird ihre Neugierde auf die neue *Unit* geweckt und sie werden auf das Thema eingestimmt.

Weiterführung

Nach der Partnerarbeitsphase können Sie einige Schüler bitten, noch einmal ein Rätsel für die ganze Klasse zu formulieren.

Variante: Find your teacher!

Sind die Schüler sprachlich noch nicht in der Lage, Rätsel dieser Art zu formulieren, können Sie selbst in ein Bild springen und alle Schüler raten lassen, wo Sie sind.

PING PONG

Ziel: Aktivierung von Vorwissen
Klassenstufe: ab Kl. 5
Dauer: ca. 3 Minuten
Sozialform: 2er-Teams

Beschreibung

Die Schüler arbeiten in 2er-Teams. Lassen Sie sie abwechselnd Begriffe zum neuen Thema nennen. Ist das Thema z. B. *London*, könnten die abwechselnd genannten Begriffe lauten: *red busses – Thames – Buckingham Palace – tube – Big Ben*. Sie können auch folgende Regel einführen: *The person who has the last word is the winner.* Oder anders herum: *The first person running out of something to say loses.* So können Sie aus der Methode einen Wettbewerb machen.

Zielsetzung

Durch die Methode *Ping pong* aktivieren Sie sowohl das inhaltliche Vorwissen als auch das Vorwissen im Bereich des thematischen Wortschatzes der Schüler. Die Schüler sind hier i. d. R. sehr motiviert, weil die Aufgabe einfach ist und sich jeder beteiligen kann.

Weiterführung

Nach der Partnerarbeitsphase können Sie die in den Teams gefundenen Wörter im Plenum wiederholen lassen und z. B. mit folgenden Worten zum neuen Thema überleiten: *„I'm impressed by how much you already know about London. Let's learn even more about it."*

Hinweis

Die Methode eignet sich auch zur Reaktivierung von Vokabular zu einem bestimmten Wortfeld. Hier könnte die Arbeitsanweisung z. B. lauten: *„Which animals do you know? Play ping pong and take turns naming animals."*

5 WORDS ABOUT ...

Ziel:	Herstellen eines persönlichen Bezugs zum Thema der *Unit*
Klassenstufe:	6–9
Dauer:	ca. 15 Minuten
Sozialform:	Einzelarbeit, dann *Milling around* (siehe S. 6f.)

Beschreibung

Bitten Sie die Schüler, in Einzelarbeit je fünf Wörter zu notieren, die ihnen zum Thema der neuen *Unit* einfallen. Achten Sie darauf, dass die Schüler über das Thema bereits sprechen können, ohne die *Unit* bearbeitet zu haben. Sie sollten also über das notwendige Grundvokabular verfügen (evtl. aus der Grundschule) sowie inhaltlich etwas über das Thema wissen. Gut geeignet sind hier z. B. Themen wie *My free time, A busy day, School, My birthday, Friends*. Weniger gut eignen sich Themen wie *Scotland* oder *Shakespeare*, da die Schüler hier vermutlich über zu wenig inhaltliches Wissen verfügen. Zum Thema *My free time* könnten sie z. B. die Wörter *friends, football, read, relax, fun* notieren. Im folgenden *Milling around* gehen die Schüler auf jeweils einen anderen Schüler zu. Abwechselnd nennen sie ein Wort, das sie notiert haben, und begründen ihre Wahl. Beim Thema *My free time* könnte die Erläuterung der Wörter also wie folgt aussehen: *„I chose the word* friends *because I often spend my free time with my friends. I chose the word* football *because I play football with my team twice a week. I chose the word* read *because I read every evening. I chose the word* relax *because I relax in my free time. I chose the word* fun *because I always have fun in my free time."*

Zielsetzung

Durch diesen Einstieg stellen die Schüler einen persönlichen Bezug zum Inhalt der neuen *Unit* her. Zudem soll er sprachliche Vorkenntnisse (in erster Linie Vokabular) aktivieren.

Weiterführung

Im Anschluss an das *Milling around* können Sie die Wörter, die die Schüler notiert haben, kurz im Plenum sammeln und z. B. mit den Worten überleiten: *„Let's see how our friends from the school book spend their free time."*

Hinweis

Wo sich die Methode nicht als Einstieg in eine *Unit* eignet, lohnt es sich, sie als Abschluss zu verwenden und das gelernte inhaltliche und sprachliche Wissen so zu festigen. Zum Thema *Scotland* haben meine Schüler am Ende der *Unit* u. a. die Wörter *bagpipe, tartan clothes, haggis, Edinburgh, accent, referendum, Loch Ness, Highlands, Highland Games, kilt* zusammengetragen.

Variante: Hot words

Je nach Thema der *Unit* können Sie die Schüler auch bitten, drei zum Thema passende Nomen zu notieren, die ihre Mitschüler anschließend im *Milling around* erraten müssen. Zum Thema *My free time* könnten die Schüler z. B. die Wörter *football, book, friends* aufschreiben. Im *Milling around* beschreibt Partner A Partner B dann ein Wort, Partner B rät. Dann ist Partner B an der Reihe, ein Wort zu erklären.

TIPP

Keine Macht den Halsschmerzen!

Wenn im Englischunterricht viele Schüler sprechen, wird es laut – und das ist so gewollt. Wer eine solche Sprechphase bei 25 oder mehr Schülern beenden möchte, braucht eine laute Stimme – oder ein akustisches Signal. Bewährt hat sich hier eine kleine Klingel. Dies mag für die Schüler zu Beginn ungewohnt sein – i.d.R. haben sie sich aber schon nach der ersten Unterrichtsstunde daran gewöhnt. Probieren Sie es aus – Ihr Hals wird es Ihnen danken.

FANTASY TRIP

Ziel:	Einstimmung auf eine *Unit* zur Landeskunde
Klassenstufe:	7–10
Dauer:	ca. 10 Minuten
Sozialform:	*Milling around* (siehe S. 6 f.)
Material/Medien:	von Ihnen vorbereitete Fragen und Präsentationsmöglichkeit, Instrumentalversion eines Songs zum Thema *Travelling* und Abspielmöglichkeit

Hinweis

Diese Methode eignet sich besonders für *Units*, in denen es um Landeskunde geht, z. B. *London, New York* oder *Australia*. Voraussetzung ist, dass die Schüler bereits etwas Vorwissen in Bezug auf die Stadt bzw. das Land haben. Sind Sie in diesem Punkt unsicher, können Sie der Methode ein kurzes Blitzlicht vorschalten und im Plenum die Frage stellen: *„What do you know about London/ New York/Australia …?"*

Vorbereitung

Bereiten Sie, passend zum Thema der *Unit,* Fragen vor, auf deren Basis die Schüler in das Thema eintauchen können. Geht es um *New York*, könnten die Fragen z. B. lauten:

1. *Imagine you travel to New York for a week. What do you pack into your suitcase?*
2. *You've arrived in New York safely. Tell your partner who's with you and what you do together on your first day.*
3. *You want to let your friends back home know how you are doing. What do you do and why?* ***a)*** *send them an email,* ***b)*** *send them a postcard,* ***c)*** *send them text messages*
4. *After two wonderful weeks you finally go home. What are your fondest memories of your time in New York?*

Bereiten Sie die Präsentation der Fragen vor, sodass Sie sie nacheinander zeigen können. Suchen Sie einen Song aus, der zum Thema *Travelling* passt, und besorgen Sie sich die Instrumentalversion davon, z. B. von *Leaving on a Jet Plane* (Original: John Denver).

Beschreibung

Spielen Sie die ersten Sekunden des Songs an und lassen Sie die Schüler den Titel erraten. Falls er keinem der Schüler bekannt ist, sagen Sie ein paar Worte dazu. Leiten Sie dann auf den *Fantasy trip* über, z. B. mit den Worten: *„Let's fantasy travel together."* Zeigen Sie den Schülern die erste Frage. Bitten Sie sie, sich frei im Klassenraum zu bewegen und sich eine Antwort zu überlegen, und zwar so lange, bis Sie die Musik stoppen (nach etwa 30 Sekunden). Dann suchen die Schüler sich einen Partner, mit dem sie sich über ihre Antwort austauschen. Beenden Sie die Sprechphase, wenn Sie den Eindruck haben, dass die Schüler sich nichts mehr zu sagen haben. Nun zeigen Sie ihnen die zweite Frage. Wieder bewegen sich die Schüler zur Musik frei im Klassenraum und machen sich Gedanken über ihre Antwort. Wenn Sie die Musik stoppen, suchen sie sich einen Partner, mit dem sie über ihre Antwort sprechen, etc.

Zielsetzung

Der Einstieg soll die Schüler inhaltlich wie emotional auf das neue Thema einstimmen.

Hinweis

In den Fällen, in denen sich die Methode z. B. aufgrund mangelnden thematischen Vorwissens nicht als Einstieg in eine *Unit* eignet, lohnt es sich, sie als Abschluss zu verwenden und das gelernte inhaltliche und sprachliche Wissen so zu festigen. Ist das Thema der *Unit* z. B. *Scotland*, könnten die Fragen am Ende der *Unit* lauten:

1. *You've won a trip to Scotland. You've never been there. What are you looking forward to?*
2. *It's your first day in Edinburgh. What do you do?*
3. *Today you spent a day hiking in the Highlands. What was the day like?*
4. *After a week in Scotland you are home again. Tell your partner all about Scotland. What did you like? What didn't you like? What did you learn about the country?*

TEXTARBEIT

I SPY WITH MY LITTLE EYE ...

pre-reading activities

Ziel:	inhaltliche Vorentlastung des Textes
Klassenstufe:	5–6
Dauer:	ca. 5 Minuten
Sozialform:	2er-Teams
Material/Medien:	Redemittel *I spy ...* auf **KV 1:** *Working with pictures* (S. 100)

Hinweis

Das Spiel *I spy ...* (dt. *Ich sehe was, was du nicht siehst*) eignet sich als Einstieg für Texte, zu denen es ein sehr detailreiches Bild gibt, z. B. von einem unaufgeräumten Zimmer. Im Idealfall sind die Bilddetails textrelevant.

Beschreibung

Partner A beginnt und beschreibt Partner B mithilfe der Redemittel auf der KV eine Sache, die er auf dem Bild sieht. Partner B rät, worum es sich handeln könnte. Beispiel: A: *„I spy with my little eye something which is small and brown. It's under the bed and it has two eyes."* B: *„It's the teddy bear."*

Zielsetzung

Durch den Einstieg befassen sich die Schüler spielerisch mit dem Bild, das sie inhaltlich auf den Text vorbereitet. Das Verständnis wird ihnen so später leichter fallen.

MYSTERY WORDS

pre-reading activities

Ziel: inhaltliche Vorentlastung des Textes
Klassenstufe: 6–10
Dauer: ca. 5 Minuten
Sozialform: 2er-Teams
Material/Medien: Redemittel *Explaining words* auf **KV 2:** *Useful phrases* (S. 101)

Vorbereitung

Schreiben Sie auf die Rückseite beider Tafelflügel je fünf Vokabeln, die etwas mit dem Text im Buch zu tun haben. Diese müssen nicht zwangsläufig im Text vorkommen. Wichtig ist, dass den Schülern alle Wörter bekannt sind. Wählen Sie also keine Vokabeln, die durch den Text neu eingeführt werden. Wenn es z.B. um einen Charakter geht, der Geburtstag feiert, könnten die Wörter *excited, garden, presents, guests, cake* etc. an der Tafel stehen.

Beschreibung

Bitten Sie die Schüler, sich so hinzusetzen, dass Partner A an die Tafel schaut und Partner B das Gesicht auf die der Tafel gegenüberliegende Wand richtet. Klappen Sie dann einen der beiden Tafelflügel auf, sodass Partner A die Wörter sieht. Seine Aufgabe ist es nun, seinem Partner mithilfe der Redemittel auf der KV die Vokabeln zu erklären. Partner B muss den jeweiligen Begriff erraten. Im Anschluss tauschen die Partner die Rollen. Klappen Sie den zweitem Tafelflügel auf, sodass Partner B Partner A die Wörter erklären kann.

Zielsetzung

Erfahrungsgemäß macht den Schülern das Erklären bzw. Raten der Wörter großen Spaß und der spielerische Charakter der Methode senkt ihre Sprachhemmungen. Durch die Weiterführung der Methode wird der Inhalt des zu lesenden Textes vorentlastet. Nach dem Lesen kann auf die Wörter zurückgegriffen werden, um das Textverständnis zu sichern.

Weiterführung

Leiten Sie wie folgt auf den Text über: *„All the words that you see on the board are important in our story. Let's see why."* Wenn die Wörter wie im o.g. Beispiel recht eindeutig auf den Inhalt des Textes hinweisen, können Sie die Schüler vor dem Lesen auch spekulieren lassen, worum es im Text gehen könnte. Wenn die Schüler bereits eine Vorstellung vom Inhalt haben, wird ihnen das Verständnis des Textes leichter fallen. Nach dem Lesen können Sie die Schüler bitten, einander in Partnerarbeit die Bedeutung der zuvor erklärten Wörter für den Text zu erläutern. Um sicherzustellen, dass sie den Text bzw. die Bedeutung der Wörter für diesen verstanden haben, kann diese Erläuterung auch noch einmal im Plenum gegeben werden.

TIPP

Black sheep

Natürlich sollte im Englischunterricht so viel Englisch wie möglich gesprochen werden – und zwar nicht nur von Ihnen. Aber wie bekommen Sie die Schüler dazu, sowohl im Plenum als auch in Partner- und Gruppenarbeitsphasen nur noch Englisch zu sprechen? Eine verbreitete Methode ist das *Black sheep*. Drucken Sie das Bild eines schwarzen Schafes auf ein DIN-A4-Blatt. Wer im Englischunterricht Deutsch spricht, bekommt das schwarze Schaf. Spricht der nächste Schüler Deutsch, wird es an ihn weitergegeben. Wer es am Ende der Stunde hat, muss eine kleine Sonderaufgabe erledigen, z. B. in der folgenden Englischstunde eine *1-minute-speech* halten. Aber Achtung: In manchen Klassen führt das *Black sheep* dazu, dass die Schüler sich nicht mehr trauen, etwas zu sagen. Dann ist es natürlich kontraproduktiv.

5 FEELINGS

pre-reading activities

Ziel:	inhaltliche Vorentlastung des Textes
Klassenstufe:	ab Kl. 7
Dauer:	ca. 5 Minuten
Sozialform:	2er-Teams

Hinweis

Diese Methode eignet sich besonders für Texte, in denen Gefühle eine große Rolle spielen.

Vorbereitung

Schreiben Sie den Halbsatz *I always feel … (when) …* sowie fünf Gefühle, die im Text von Bedeutung sind, an die Tafel. In einem Text, in dem ein Charakter an einem Wettkampf teilnimmt, könnten die Gefühle z. B. lauten: *excited, nervous, exhausted, disappointed, happy.*

Beschreibung

Die Schüler arbeiten in 2er-Teams. Partner A sucht sich eines der Adjektive aus, fügt es in den Halbsatz ein und beendet ihn, z. B.: *„I always feel nervous when I have to pass an English test.“* Nun ist Partner B an der Reihe, einen Satz mit einem der fünf Adjektive zu bilden.

Zielsetzung

Die Schüler beschäftigen sich vorab mit den Gefühlen, die im Text eine Rolle spielen, indem sie über Situationen sprechen, in denen sie diese Gefühle selbst empfinden. So entwickeln sie einen persönlichen Bezug zum Text. Gleichzeitig wird der Textinhalt vorentlastet. Nach dem Lesen kann auf die Adjektive zurückgegriffen werden, um das Textverständnis zu sichern.

Weiterführung

Leiten Sie z. B. wie folgt auf den Text über: *„All the feelings that you see on the board are important in our story. In this story Janie takes part in a sports competition. Let's see why the feelings on the board are important.“* Wenn die Schüler bereits eine Vorstellung davon haben, worum es im Text gehen könnte, wird ihnen das Verständnis leichter fallen. Nach dem Lesen können Sie die Schüler bitten, die Bedeutung der Adjektive für den Text zu erklären bzw. ihn mithilfe der Wörter nachzuerzählen.

Variante: 5 character traits

Die Methode lässt sich auch mit *character traits* durchführen. Dies ist besonders dann sinnvoll, wenn es im Text um mindestens zwei recht unterschiedliche Charaktere geht. Schreiben Sie dafür fünf verschiedene Eigenschaften an die Tafel, die zu den im Text vorkommenden Charakteren passen, z. B. *athletic, ambitious, kind, understanding, patient.* Mögliche Halbsätze für die *prereading activity* sind: *X is very … He/She often/always …* → *My sister is very athletic. She often goes jogging in the morning.* Nach dem Lesen können Sie die Schüler bitten, die Eigenschaften den Charakteren des Textes zuzuordnen und ihre Wahl zu begründen.

AUDIOBOOK START

pre-reading activities

Ziel:	direktes Eintauchen in die Geschichte mithilfe einer hörspielähnlichen Audiodatei zum Text
Klassenstufe:	7–9
Dauer:	ca. 10 Minuten
Sozialform:	Einzelarbeit
Material/Medien:	von Ihnen vorbereitetes Arbeitsblatt mit Satzanfängen, Audiodatei zum Text und Abspielmöglichkeit

Vorbereitung

Lesen Sie den Text und bereiten Sie ein Arbeitsblatt mit Satzanfängen zu seinem Inhalt vor. Die Satzanfänge sollten die Schüler zum einen leicht beenden können, während sie die Audiodatei hören. Zum anderen sollten sie für den Fortgang der Geschichte relevant sein. Je nach Textlänge kann es ratsam sein, dass Sie den Schülern die Datei nur bis zu einem bestimmten Punkt vorspielen und somit auch nur Satzanfänge bis zu diesem Punkt notieren.
Beispiel: Im Text *I don't believe in ghosts* betreten die Freundinnen Holly und Gwen verbotenerweise ein altes Schloss. Die Tür fällt zu, sodass sie nichts mehr sehen. Hier könnte das Arbeitsblatt wie folgt aussehen:

I don't believe in ghosts

Listen to the text and finish the following sentences:

1. *Holly and Gwen go into …*
2. *Later, they have a problem because …*
3. *Suddenly, they hear …*
4. *It's coming from …*
5. *They climb the stairs and end up at …*

Beschreibung

Die Schüler arbeiten in Einzelarbeit. Geben Sie ihnen eine grobe inhaltliche Einführung in den Text – im o. g. Beispiel könnte diese lauten: „*Holly and Gwen have a great time at a concert. However, afterwards they realize that Amber isn't with them. When they start looking for her, they experience quite an adventure.*" Führen Sie ggf. den Schülern unbekannte und für das Textverständnis notwendige Vokabeln ein und teilen Sie dann Ihr Arbeitsblatt aus. Aufgabe der Schüler ist es nun, während des Hörens die Satzanfänge zu vervollständigen. Spielen Sie die Datei bis zu dem Punkt, bis zu dem Sie die Satzanfänge vorbereitet haben, 2-mal ab. Jetzt haben Sie verschiedene Möglichkeiten, wie Sie fortfahren können (siehe Weiterführung).

Zielsetzung

Die von Ihnen vorbereiteten Satzanfänge bieten den Schülern eine Struktur für die folgende Übung, durch die sie ihr Hörverstehen trainieren. Die entsprechenden Geräusche in der Audioversion (wie z. B. im o. g. Fall das Zuschlagen der Schlosstür sowie eine knarrende Holztür) erleichtern es den Schülern, sich die Situation vorzustellen und direkt in die Geschichte einzutauchen.

Weiterführung

Anschließend können Sie entweder die Ergebnisse im Plenum vergleichen oder Sie leiten wie folgt auf den Text über, um ihn gemeinsam mit den Schülern zu lesen: *„Let's read the text together in order to see whether the endings you wrote down for the sentences are correct."* Im zweiten Fall können Sie den Text abschnittsweise mit den Schülern lesen und nach jedem Abschnitt den dazu passenden Satz beenden lassen. Das zusätzliche Lesen des bereits gehörten Textes ist besonders für schwächere Schüler sehr hilfreich. Aber auch leistungsstärkere Schüler profitieren davon, weil sich Textstrukturen und neue Vokabeln durch die Wiederholung besser einprägen.
Haben Sie nur den Beginn des Textes durch die Hörverstehensübung bearbeitet, können Sie nach dem Vergleich der Satzenden mit folgenden Worten auf den Rest des Textes überleiten: *„Let's see how the story continues."* Lesen Sie ihn dann mit den Schülern gemeinsam.

INNER CONFLICT

while-reading activities

Ziel:	Sicherung des Textverständnisses durch emotionale Auseinandersetzung mit einem Charakter
Klassenstufe:	ab Kl. 7
Dauer:	ca. 20 Minuten
Sozialform:	2er-Teams
Material/Medien:	Redemittel *Inner conflict* auf **KV 3:** *Working with texts* (S. 102), ggf. Audiodatei zum Text und Abspielmöglichkeit

Hinweis

Diese Methode eignet sich für Texte, in denen ein Charakter eine Entscheidung treffen und dabei Für und Wider abwägen muss. Ein Beispiel ist die Situation von Jay, der von zwei coolen Jungs auf eine Party eingeladen worden ist – unter der Bedingung, dass er den PC seines Bruders mitbringt, um damit Musik aufzulegen.

Beschreibung

Lesen Sie den Schülern den Text zunächst bis zu der Stelle vor, an der der Charakter eine Entscheidung treffen muss. Oder Sie spielen die dazu passende Audiodatei ab, um ihnen ein sprachliches Vorbild zu geben. Lassen Sie dann die Schüler denselben Textabschnitt noch einmal lesen – entweder im Plenum oder in 2er-Teams (siehe auch *Buddy reading*, S. 54). Anschließend geben Sie den Arbeitsauftrag, den inneren Konflikt des Charakters zu verdeutlichen und in einer Art Streitgespräch zwischen den beiden Positionen des Gewissens darzustellen. Dabei übernimmt jeder Schüler eine Partei. Sprachliche Unterstützung bieten die Redemittel auf der KV. Bezogen auf das o. g. Beispiel, könnte der Arbeitsauftrag wie folgt lauten: *„Jay is torn. On the one hand he wants to go to the party, on the other hand he knows that he isn't allowed to take his brother's computer. Work with a partner and invent a dialogue between the two sides of his conscience."* Ein Schülerergebnis könnte wie folgt aussehen:

A: *On the one hand I really want to go to the party. These boys are so cool!*
B: *On the other hand my brother would never let me take his computer.*
A: *And what if I asked him if I could borrow his computer?*

B: *But then again, I already know his answer: No! He's a DJ. He needs his computer!*

A: *Hm, I'm sure that everyone will have a great time at the party. Everyone but me if I'm not there! Maybe I could just go without the computer.*

B: *But it isn't as simple as that. They wouldn't let me in without the computer. I really don't know what to do!*

Zielsetzung

Indem die Schüler sich in die Lage des Charakters versetzen, beschäftigen sie sich emotional mit seiner Situation und empfinden sie nach. Gleichzeitig lernen sie durch die Redemittel, wie sie auf Aussagen eines Gesprächspartners reagieren können, die im Kontrast zu ihrer eigenen Meinung stehen.

Weiterführung

Lassen Sie die Schüler ihre Dialoge präsentieren, bevor Sie mit der Lektüre des Textes fortfahren.

TIPP

An die Arbeit!

Geben Sie Arbeitsaufträge grundsätzlich immer mündlich und schriftlich, ggf. mit Zeitangabe. Bei geschlossenen Aufträgen, wie z. B. der Bearbeitung einer Grammatikübung, ist eine Zeitangabe nicht notwendig, sehr wohl aber bei offeneren Aufgaben, wie z. B.: *„Invent a dialogue between X and Y."* Zeitangaben wie *„You have 15 minutes"* sind für die Schüler als Orientierung wenig hilfreich, da die wenigsten in diesem Moment auf die Uhr sehen. Sinnvoller ist es, den Schülern nicht nur zu sagen, wie lange sie für die Aufgabe Zeit haben, sondern auch bis wann. Schreiben Sie den Endzeitpunkt an die Tafel, z. B.:
Time: → 9:10

GET TOGETHER AND TALK!

while-reading activities

Ziel:	Sicherung des Textverständnisses durch verschiedene Redeanlässe
Klassenstufe:	ab Kl. 7
Dauer:	5–10 Minuten
Sozialform:	2er-Teams
Material/Medien:	von Ihnen vorbereitete Verständnisfragen oder Aussagen zum Text und Präsentationsmöglichkeit, ggf. Audiodatei zum Text und Abspielmöglichkeit, ggf. Redemittel *Discussion phrases* auf **KV 2:** *Useful phrases* (S. 101)

Vorbereitung

Überlegen Sie, an welchen Stellen im Text man das Lesen gut unterbrechen kann bzw. sogar muss, um zu klären, was die Schüler bis zu diesem Punkt verstanden haben. Bereiten Sie dann passende Fragen oder Aussagen zum Text vor.

Beschreibung

Lesen Sie den Schülern den Text zunächst bis zu der von Ihnen zuvor ausgewählten Stelle vor oder spielen Sie die dazu passende Audiodatei ab, um ihnen ein sprachliches Vorbild zu geben. Lassen Sie dann die Schüler denselben Textabschnitt noch einmal lesen – entweder im Plenum oder in 2er-Teams (siehe auch *Buddy reading*, S. 54). Anschließend präsentieren Sie ihnen Verständnisfragen (1.) oder (provokante) Aussagen (2.) zum gelesenen Textabschnitt, über die die Schüler mit einem Partner sprechen sollen. Alternativ bitten Sie sie, gedanklich in die Geschichte hineinzuspringen (3.). Stellen Sie den Schülern zur Diskussion provokanter Aussagen KV 2 zur Verfügung. Beispiele für die genannten Redeanlässe sind:

1. Verständnisfragen

Get together with your partner and talk about the following questions:

a) *Why can't Benny play football with his friends?*
b) *Why is Tina late?*
c) *What does Tim want to do on his birthday?*

2. (Provokante) Aussagen

Get together with your partner and discuss the following statements. Do you agree? Why (not)?

a) *Jenny is one of the popular girls at school so everybody likes her.*
b) *Max is a good friend.*
c) *Lisa's reaction to Tim's text message is quite exaggerated.*

3. Sprung in die Geschichte

Imagine you could jump into the story right know. Talk about the following questions with your partner:

a) *Who would you like to talk to? What would you tell/ask this person?*
b) *You are witnessing the fight between Jeremy and Simon. How do you interfere? What do you do?*
c) *How would you feel if you were Kathy? Why?*

Zielsetzung

Indem die Schüler miteinander über die Verständnisfragen sprechen bzw. die Aussagen diskutieren, sichern bzw. vertiefen sie ihr Textverständnis. Besonders bei der letzten Variante, in der die Schüler in die Geschichte hineinspringen sollen, beschäftigen sie sich emotional mit dem Text und versetzen sich in die Lage einzelner Charaktere.

Weiterführung

Bitten Sie die Schüler anschließend, das mit ihrem Partner Besprochene noch einmal im Plenum zu wiederholen. Dies ist besonders ratsam, wenn die Schüler miteinander über Verständnisfragen gesprochen haben. Denn nur so können Sie überprüfen, ob die Schüler das Gelesene tatsächlich verstanden haben. Leiten Sie dann zurück auf den Text: *„Let's see how the story goes on."*

BE CREATIVE AND WRITE!

while-reading activities

Ziel:	Sicherung des Textverständnisses durch kreative schriftliche Arbeit
Klassenstufe:	ab Kl. 7
Dauer:	ca. 25 Minuten
Sozialform:	Einzelarbeit
Material/Medien:	ggf. Audiodatei zum Text und Abspielmöglichkeit, ggf. **KV 3:** *Working with texts* (S. 102) bzw. **KV 4:** *Writing an inner monologue/a diary entry/an email* (S. 103)

Vorbereitung

Überlegen Sie, an welchen Stellen der Text „Leerstellen" oder andere Möglichkeiten der kreativen Auseinandersetzung bietet. „Leerstellen" im Text sind Passagen, die dem Leser Raum für eigene Interpretation bieten, weil bestimmte Aspekte ungesagt bleiben oder nur angedeutet werden. Der Leser kann sich diese Textstellen selbst genauer ausmalen und sie mithilfe seiner Fantasie füllen.[4] Dies können z. B. Passagen sein, an denen detaillierter auf die Gefühle eines Charakters eingegangen werden könnte. Bereiten Sie die Arbeitsaufträge vor, schriftlich genügt ggf. eine Kurzform.

Beschreibung

Lesen Sie den Schülern den Text zunächst bis zu der von Ihnen zuvor ausgewählten Stelle vor oder spielen Sie die dazu passende Audiodatei ab, um ihnen ein sprachliches Vorbild zu geben. Lassen Sie dann die Schüler die gleiche Passage noch einmal vorlesen – entweder im Plenum oder in 2er-Teams (siehe auch *Buddy reading*, S. 54). Anschließend sollen sie die von Ihnen ausgesuchte Leerstelle schriftlich füllen bzw. auf andere Art und Weise kreativ mit dem Text arbeiten. Stellen Sie den Schülern als sprachliche Hilfe bei den Arbeitsaufträgen 1–4 die Redemittel von KV 3 sowie KV 4 zur Verfügung.

[4] *Vgl. Volker Frederking (07.11.2016):* Besonderheiten literarischer Texte, Link: www.br.de/alphalernen/faecher/deutsch/3-besonderheiten-literarische-texte-literatur-102.html

Mögliche Arbeitsaufträge sind:

1. *And what about [name of a character]? Write an* ***inner monologue*** *from his/her point of view. What's going through the character's mind? Which questions does he/she ask himself/herself? What does he/she think about the other characters?*
2. *How do you think [name of a character] feels now? Write a* ***diary entry*** *from his/her point of view in which he/she expresses his/her thoughts and feelings.*
3. *When [name of a character] comes home, he/she's still full of adrenaline. He/she has to share his/her experience with his/her best friend so he/she decides to send him/her an email.* ***Write this email from the character's point of view.*** *Write about his/her experience and how he/she feels about it.*
4. *What do you think about [name of a character]'s reaction?* ***Write him/her an email*** *in which you tell him/her what you think.*
5. *Since the story is told from [name of a character]'s point of view, we only get to know his/her feelings and thoughts.* ***Rewrite the last passage we read from [name of a character]'s point of view.***
6. ***How do you think the story will go on?*** *Pick up the story at the last paragraph we read and continue it.*

Variante: Inner voice

Der innere Monolog lässt sich bei Zeitknappheit auch gut mündlich in Form eines Blitzlichtes durchführen. Die Schüler sollen sich in die Lage des Charakters versetzen und überlegen, was ihm gerade durch den Kopf geht, z. B.: *„I can't believe she left me alone in this situation."* Nehmen Sie die Schüler bei der Präsentation im Plenum per Handzeichen dran, statt sie mit ihrem Namen aufzurufen, damit die kurzen Gedanken der einzelnen Schüler aus Sicht des Charakters ein großes Ganzes ergeben.

Zielsetzung

Indem die Schüler Leerstellen mithilfe ihrer Fantasie füllen und den Text um- oder weiterschreiben, beschäftigen sie sich intensiv mit dem Inhalt der Geschichte. Die Tatsache, dass ihre Kreativität gefordert ist, wirkt sich oft motivierend aus.

Weiterführung

Lassen Sie die Schüler ihre Texte präsentieren, bevor Sie mit der gemeinsamen Lektüre des Textes fortfahren.

TIPP

Erst denken, dann schreiben!

Direktes Eintauchen in die Schreibaufgabe
Sicher kennen auch Sie das Leere-Blatt-Syndrom, das einem den Start in eine Schreibaufgabe oft erschwert. Doch sobald der erste Satz steht, sind auch die nächsten Sätze schnell getippt. Vielen Schülern geht es vielleicht ähnlich. Geben Sie deshalb bei Schreibaufgaben, wie *Write an email,* den ersten Satz vor, z. B.: *„Dear Jack, I've been in London for a week now, and this city is amazing. Yesterday I …"* Die Fortführung wird den Schülern leichter fallen, als bei null zu beginnen.

Drei Schritte zum guten Text
Ich habe gute Erfahrungen damit gemacht, den Schülern für das Verfassen von Texten drei Phasen vorzugeben: *note-taking, writing* und *proofreading*. Nur wer sich vor dem Schreiben Notizen gemacht hat, wird anschließend einen gut strukturierten Text verfassen können. Auch das Korrekturlesen am Ende ist essenziell für ein gutes Ergebnis. Wenn dieses 3-schrittige Vorgehen bereits im Unterricht zur Selbstverständlichkeit wird, werden die Schüler auch in der Klausur so arbeiten und entsprechend bessere Texte schreiben. Bei einem Arbeitsbeginn um 8:00 Uhr würde unter dem Arbeitsauftrag an der Tafel deshalb bspw. stehen: *Note-taking* → 8:05, *Writing* → 8:22, *Proofreading* → 8:25 (siehe auch Tipp *An die Arbeit*, S. 40).

MY STORY WORDS

post-reading activities

Ziel:	Wiedergabe des Textinhalts mithilfe von persönlich gewählten Schlüsselwörtern
Klassenstufe:	ab Kl. 6
Dauer:	ca. 10 Minuten
Sozialform:	Einzelarbeit, dann *Milling around* (siehe S. 6 f.)

Beschreibung

Nachdem Sie den Text mit den Schülern gelesen haben, bekommen alle Schüler noch einmal Zeit, ihn still selbst zu lesen. Im Anschluss notieren sie groß und gut lesbar fünf bis sieben Wörter in ihr Heft, die ihrer Meinung nach für den Inhalt der Geschichte von Bedeutung sind. Wenn es darin bspw. um eine Klassenfahrt geht, auf der eine Nachtwanderung gemacht wird, könnten die Wörter lauten: *coach, walk in the dark, flashlights, strange noise, scared.*
In einem *Milling around* gehen die Schüler dann auf verschiedene Partner zu und zeigen einander die ausgewählten Wörter. Schreiben Sie dafür den folgenden Satzanfang an die Tafel: *I chose the word … because …* Schüler A erläutert Schüler B, warum er sich für seine Wörter entschieden hat. Im o.g. Beispiel könnte er sagen: *„I chose the word* coach *because the pupils take a coach to the youth hostel."* Dann ist Partner B an der Reihe, seine Wortwahl zu erklären.

Zielsetzung

Schon der Auswahlprozess der Wörter führt zu einer intensiven Beschäftigung mit der Geschichte. Sie dienen den Schülern später als Gerüst, mithilfe dessen sie leichter über die Geschichte sprechen bzw. sie nacherzählen können.

Variante I: Story retold

In höheren Klassen können die Schüler die Geschichte auch anhand ihrer Wörter nacherzählen. Dann ist es aber sinnvoll, die Klasse in zwei Gruppen aufzuteilen, bevor sie die *story words* notieren: Gruppe A soll sich mit dem ersten Teil der Geschichte befassen, Gruppe B mit dem zweiten. Im Anschluss gehen Partner aus unterschiedlichen Gruppen aufeinander zu und erzählen die Geschichte gemeinsam mit den notierten *story words* nach.

Variante II: Story word cloud

Eine Variante der Methode *My story words* ist die *Story word cloud*. Diese Methode eignet sich vor allem dann gut, wenn Sie die Geschichte bereits mit den Schülern gelesen haben und an einem anderen Tag weiter mit ihr arbeiten möchten: Nachdem Sie den Text gemeinsam gelesen haben, erstellen die Schüler als Hausaufgabe eine *Story word cloud*, z. B. mithilfe der Internetseite www.abcya.com/word_clouds.htm (ohne Anmeldung möglich). Hier lassen sich Schlagworte in ihrer Gewichtung optisch darstellen. Zunächst geben die Schüler die Wörter, die sie als wichtig erachten, ein. Je wichtiger sie ein Wort finden, desto häufiger geben sie es ein. Der *Word-cloud*-Generator betont diese Begriffe dann, indem er sie in der *Word cloud* besonders fett darstellt. Um die Schüler mit der Internetseite und dem Konzept dieser Visualisierung vertraut zu machen, sollten Sie einmal mit ihnen gemeinsam eine *Word cloud* erstellen. In der folgenden Stunde zeigen die Schüler einander die von ihnen gestaltete *Word clouds* und erzählen mit ihrer Hilfe die Geschichte nach bzw. erklären, warum sie sich für ihre Wörter entschieden haben. Im Anschluss können sie noch erläutern, warum bestimmte Wörter besonders fett bzw. klein gedruckt sind.

Variante III: Chapter key words

Bei der Behandlung von Lektüren in höheren Klassen eignen sich Kapitelstichpunkte gut als Einstieg in eine Stunde, in der ein oder mehrere Kapitel thematisiert werden sollen. Die Schüler können diese bei der Lektüre im Zuge der Hausaufgabe notieren. Alternativ können Sie natürlich selbst Stichpunkte vorgeben, die Sie den Schülern präsentieren. In Partnerarbeit sollen die Schüler dann gemeinsam das Kapitel nacherzählen, indem sie mithilfe der Stichpunkte berichten, was passiert ist. Dabei übernimmt Partner A die Nacherzählung des 1. Teils des Kapitels, Partner B erzählt den 2. Teil nach.

EXPERT PRESENTATION

post-reading activities

Ziel:	Sicherung des Textverständnisses durch mündlichen Austausch über Inhalte
Klassenstufe:	ab Kl. 8
Dauer:	je nach Textlänge 15–20 Minuten
Sozialform:	Einzelarbeit, dann 2er-Teams, dann Gruppenarbeit

Hinweis

Diese Methode eignet sich, wenn der Text eigentlich aus mehreren kleinen Einheiten besteht, z.B. aus verschiedenen Infotexten über Städte in den USA. In diesen Texten sollten nur wenige den Schülern unbekannte Vokabeln vorkommen.

Beschreibung

Teilen Sie die Schüler in so viele Gruppen ein, wie es Texte gibt. Weisen Sie dann jeder Gruppe einen Text zu, für den sie im Folgenden verantwortlich ist. Die Schüler lesen ihren Text still und notieren groß und gut lesbar fünf bis sieben Wörter in ihr Heft, die ihrer Ansicht nach für den Inhalt wichtig sind (siehe auch *My story words*, S. 66). Dann finden sie sich in 2er-Teams zusammen, wobei immer Schüler aus der gleichen Gruppe miteinander arbeiten. Sie zeigen einander ihre Stichwörter und stellen sich mithilfe dieser gegenseitig den Inhalt des Textes vor. Verständnisschwierigkeiten können und sollen in dieser Phase geklärt werden. Deshalb kann es sinnvoll sein, wenn Sie die Teams so einteilen, dass leistungsschwächere mit leistungsstärkeren Schülern zusammenarbeiten. Bitten Sie anschließend alle Schüler der einzelnen Gruppen, einmal durchzuzählen. Gibt es z.B. drei Gruppen à acht Schüler, zählen die Schüler in den einzelnen Gruppen bis acht. Dann kommen alle Schüler 1 zusammen und bilden eine Expertengruppe, alle Schüler 2, etc. In diesen Expertengruppen informieren die Schüler ihre Mitschüler darüber, was in dem von ihnen bearbeiteten Text steht. Dabei zeigen die Redner den Zuhörern ihre zuvor gemachten Stichpunkte, sodass beide sich daran orientieren können.

Zielsetzung

Ziel ist zum einen die Sicherung des Textverständnisses jedes Schülers, zum anderen die strukturierte mündliche Weitergabe der wesentlichen Informationen.

Weiterführung: Tonight at the dinner table …

Nachdem alle Schüler in den Expertengruppen ihren Text vorgestellt haben, können Sie die Methode mithilfe der von *Tonight at the dinner table* (siehe S. 20) im Plenum beenden. Die Schüler können nun nicht nur sagen, was sie aus „ihrem" Text, sondern auch, was sie von den anderen Schülern gelernt haben.

Get together in groups!

Die einfachste aller Gruppeneinteilungen ist wohl, die Schüler durchzählen zu lassen. Wollen Sie z. B. in einer Klasse mit 28 Schülern 4er-Gruppen bilden, bitten Sie sie, bis sieben zu zählen. Nun finden sich alle Schüler 1, alle Schüler 2, alle Schüler 3 etc. zusammen. Um diesen Prozess zu beschleunigen, können Sie für alle Schüler an die Tafel zeichnen, wo sich welche Gruppe trifft (siehe Schaubild). Sollen die Schüler der verschiedenen Gruppen einander anschließend über einen Text informieren, den sie in ihrer Stammgruppe bearbeitet haben, lassen Sie sie innerhalb der Gruppen bis vier zählen und zeichnen Sie wieder an die Tafel, wo sich die Schüler 1, 2, 3 und 4 treffen. Wirres Gewusel im Klassenraum wird so vermieden.

The teacher's desk

①		⑦
②		⑥
③	④	⑤

STORY EMOTICONS

post-reading activities

Ziel:	intensive Beschäftigung mit dem Textinhalt
Klassenstufe:	ab Kl. 7
Dauer:	ca. 10 Minuten
Sozialform:	Einzelarbeit, dann 2er-Teams
Material/Medien:	**KV 5:** *Feelings* (S. 104) und Redemittel *Discussion phrases* auf **KV 2:** *Useful phrases* (S. 101), Smartphones der Schüler

Beschreibung

Nachdem Sie den Text mit den Schülern gelesen haben, bekommen sie noch einmal Zeit, ihn still selbst zu lesen. Dann suchen die Schüler jeder für sich fünf bis sieben Emoticons auf ihrem Smartphone aus (am besten per Messenger), die ihrer Meinung nach gut zur Geschichte passen. Sie sollten der Chronologie der Geschichte entsprechen. Diese können sie ihrem Partner schicken, wenn sie im Klassenraum Internetempfang haben. Wenn nicht, zeigen sie ihrem Partner die Emoticons auf ihrem eigenen Smartphone. Nun versuchen beide Partner, unter Bezugnahme auf die Geschichte zu erläutern, warum der jeweils andere wohl bestimmte Emoticons ausgewählt hat. Notieren Sie je nach Leistungsstärke Ihrer Klasse den folgenden Satzanfang an der Tafel: *„I think you chose this emoticon because … feels …"* Die Emoticons können auch zur Diskussionsgrundlage werden, wenn ein Partner findet, dass eines davon eigentlich nicht so gut zur Geschichte passt. Sprachliche Hilfe bieten den Schülern dabei KV 5 sowie KV 2.

Hinweis

Wenn nicht alle Schüler ein Smartphone besitzen, können sie in Paaren oder Kleingruppen arbeiten.
Ein von den Schülern häufig verwendeter Messenger ist WhatsApp, dieser ist aber erst ab 16 Jahren freigegeben. Auf www.klicksafe.de unter Themen > WhatsApp finden Sie ggf. kindgerechte Alternativen.

Zielsetzung

Schon die Auswahl der Emoticons führt zu einer intensiven Beschäftigung mit dem Text. Im anschließenden Austausch über die Geschichte dienen sie den Schülern als Gerüst. Gleichzeitig wird in dieser Phase das Textverständnis gesichert.

Weiterführung

Im Anschluss können Sie die Schüler bitten, im Plenum über ihrer Meinung nach besonders passende Emoticons zu sprechen. Wenn jeder Internetempfang hat und es eine Klassengruppe gibt, können sie das entsprechende Emoticon leicht per Messenger schicken und beginnen mit: *„I chose this emoticon because … feels …"*

Gutes Feedbackgeben will gelernt sein

Wie oft nehmen Sie in einer Englischstunde durchschnittlich Schüler dran und geben ihnen im Anschluss ein kurzes Feedback zu ihrem Beitrag? Gerade in den niedrigeren Klassen, in denen viele Grammatikübungen und kleinere Aufgaben erledigt werden, ist diese Anzahl oft recht hoch. Dann ist es gut, ein Repertoire an verschiedenen „Feedbackwörtern" zu haben, um beim Vergleich einer Grammatikhausaufgabe richtige Schülerbeiträge nicht 15-mal hintereinander mit *good* zu loben. Als Referendarin habe ich selbst den Tipp bekommen, nicht immer die gleichen Feedbackwörter zu verwenden – heute sehe ich es als Herausforderung an, möglichst viele verschiedene Ausdrücke zu nutzen, und denke dabei mit einem Schmunzeln an meine damalige Ausbilderin.

Positives Feedback	**Feedback bei falschen Antworten**
✔ *Yes!* ✔ *Perfect!* ✔ *Well done!* ✔ *Good job!* ✔ *Okay!* ✔ *All right!* ✔ *That's correct!* ✔ *I agree!* ✔ *Nice!* ✔ *Great!* ✔ *That's it!* ✔ *That's true!* ✔ *Absolutely!* ✔ *Exactly!* ✔ *Fantastic!* ✔ *Brilliant!* ✔ *Excellent!* ✔ *Wow!* ✔ *I'm impressed!*	✔ *Sorry, that's not correct.* ✔ *I'm afraid this isn't correct.* ✔ *What makes you think so?* ✔ *Are you sure?* ✔ *Hm, try again! Look at … [e.g. the example] again.* ✔ *Not quite. But you are on the right track.* ✔ *Hm, let's have a look at the sentence again together.* ✔ *Hm, have a second look at … [e.g. the verb in the sentence].* ✔ *You are right in that … [e.g. we start the question with the auxiliary verb* did*]. But what about … [e.g. the main verb? Does it really have to be in the simple past, too?]?*

TEXT RESPONSE

post-reading activities

Ziel:	Sicherung des Textverständnisses durch Herstellung eines persönlichen Bezugs zum Text und mündlichen Austausch über den Inhalt
Klassenstufe:	ab Kl. 8
Dauer:	10–15 Minuten
Sozialform:	Einzelarbeit, dann *Milling around* (siehe S. 6f.)
Material/Medien:	Redemittel *Responding to an informational text* oder *Responding to literature* auf **KV 3:** *Working with texts* (S. 102)

Hinweis

Diese Methode eignet sich sowohl für fiktive als auch für informative Texte.

Beschreibung

Nachdem Sie den Text mit den Schülern gelesen haben, bekommen alle Schüler noch einmal Zeit, ihn still selbst zu lesen und sich mithilfe der Redemittel von KV 3 Gedanken zum Text und evtl. Notizen dazu zu machen: Was haben sie durch den informativen Text gelernt? Was überrascht/schockiert/freut sie? Oder: Mit welchem Charakter in der Geschichte können sie sich gut identifizieren und warum? Es folgt ein *Milling around*. Die Schüler gehen nacheinander auf verschiedene Partner zu, mit denen sie sich unter Zuhilfenahme der Redemittel über den gelesenen Text austauschen.

Zielsetzung

Indem die Schüler über den Text sprechen, wird das Textverständnis gesichert. Verständnisschwierigkeiten können und sollen im Gespräch mit den verschiedenen Partnern geklärt werden. Mithilfe der Redemittel beschäftigen sich die Schüler intensiv mit dem Textinhalt und stellen einen persönlichen Bezug her. Informationen, über die sie gesprochen haben, behalten sie zudem länger, als wenn sie sie nur gelesen hätten.

BUDDY READING

improving reading fluency

Ziel:	Verbesserung des Leseflusses
Klassenstufe:	5–9
Dauer:	je nach Textlänge ca. 5 Minuten
Sozialform:	2er-Teams

Hinweis

Studien haben gezeigt, dass es zum Textverständnis für Schüler hilfreich ist, vor dem Lesen gezielte Fragen oder Hinweise zum Text zu bekommen (siehe die bisherigen Methoden dieses Kapitels). Die Verbesserung ihres Leseflusses hat einen geringeren Einfluss auf ihr Textverständnis[5]. Dennoch sollte das Trainieren flüssigen Lesens nicht gänzlich außer Acht gelassen werden, denn Schüler, die in erster Linie mit dem Dekodieren einzelner Wörter beschäftigt sind, können ihren Fokus nicht auf den Textinhalt richten[6].

Beschreibung

Nachdem Sie den Text mit den Schülern gelesen haben, finden sich diese in 2er-Teams zusammen, um ihn gemeinsam noch einmal zu lesen. Abwechselnd lesen sie je einen Abschnitt laut vor. Wenn ein Schüler bei einem Wort Ausspracheschwierigkeiten hat, hilft sein Partner, sofern möglich. Gehen Sie in dieser Phase herum und hören Sie den Schülern zu, um zu helfen, wenn der Partner dies nicht oder nur unzureichend kann. Wenn Ihnen auffällt, dass mehrere Schüler beim selben Wort Ausspracheschwierigkeiten haben, greifen Sie es im Anschluss auf und lassen Sie die Schüler das Wort im Chor nachsprechen.

Zielsetzung

In Plenumsphasen trauen sich zurückhaltendere Schüler oft nicht, vorzulesen. Dies fällt ihnen in 2er-Teams – also „in geschütztem Raum" – leichter. Außerdem muss hier jeder Schüler Teile des Textes vorlesen. Ziel ist zudem nicht nur die Verbesserung des Leseflusses, sondern als Folge davon auch die des Textverständnisses (siehe dazu auch den Hinweis).

---

[5] *Vgl. Lawrence J. O'Shea u. a. (1985):* The Effects of Repeated Readings and Attentional Cues on Reading Fluency and Comprehension, Link: https://journals.sagepub.com/doi/abs/10.1080/10862968509547535

[6] *Vgl. Richard M. Kubina Jr. und Charles A. Hughes (2007):* Current Practice Alerts: A Focus on Fluency Instruction, Link: www.readingrockets.org/content/pdfs/original_alert15.pdf

STOPWATCH READING

improving reading fluency

Ziel:	Verbesserung des Leseflusses
Klassenstufe:	5–9
Dauer:	ca. 5 Minuten
Sozialform:	2er-Teams
Material/Medien:	Smartphones der Schüler oder Uhr mit Sekundenzeiger

Hinweis

Diese Methode dient der Verbesserung des Leseflusses, siehe auch Hinweis zu *Buddy reading* auf S. 54.

Beschreibung

Nachdem Sie den Text mit den Schülern gelesen haben, finden sich die Schüler in 2er-Teams zusammen. Nun sucht sich jeder einen Textabschnitt aus, mit dem er im Folgenden arbeiten möchte.
Dann beginnt Partner A. Er liest seinen Textabschnitt so schnell wie möglich. Partner B stoppt die Zeit mit seiner Uhr oder seinem Smartphone. Am Ende notiert er die Zeit, die Partner A zum Lesen gebraucht hat. Dann ist Partner B an der Reihe, seinen Textabschnitt *möglichst* schnell zu lesen. Partner A stoppt seine Zeit und notiert sie anschließend. Danach ist wieder Partner A dran. Er liest seinen Textabschnitt nochmals und versucht, seine erste Zeit zu schlagen. Anschließend tut Partner B es ihm mit seinem Textabschnitt gleich. Als dritten Schritt lesen beide Partner ihren Text nochmals, jedoch ohne die Zeit zu stoppen. Der Fokus liegt hier nicht auf Schnelligkeit, sondern auf möglichst flüssigem Lesen.
Notieren Sie die Arbeitsanweisungen für die einzelnen Phasen klar an der Tafel:

1. *Take turns reading your text as fast as possible.*
   The student who isn't reading stops the time.
2. *Repeat step 1. Try to beat your first time.*
3. *Take turns reading your text as fluently as possible.*
   Do not stop the time.

Zielsetzung

Indem die Schüler versuchen, den ihnen bereits bekannten Text beim zweiten Mal schneller als beim ersten Mal zu lesen, verbessern sie automatisch auch ihren Lesefluss. Dies wird in Phase 3 deutlich. Je flüssiger die Schüler einen Text lesen können, desto besser verstehen sie diesen auch (siehe dazu auch den Hinweis auf S. 54). Die Tatsache, dass die Schüler beim zweiten Lesen ihre erste Zeit schlagen sollen, wirkt sich i.d.R. sehr motivierend aus und die Schüler sind mit Feuereifer bei der Sache.

VOKABELARBEIT

MY LIFE, MY WORDS

Ziel: Aufbau eines persönlichen Bezugs zu den Vokabeln
Klassenstufe: ab Kl. 5
Dauer: ca. 5 Minuten
Sozialform: *Milling around* (siehe S. 6f.)

Vorbereitung

Bitten Sie die Schüler, sich aus der zu lernenden Vokabelliste im Buch fünf Wörter auszusuchen, zu denen sie einen persönlichen Bezug aufbauen können, und diese Wörter zu notieren (evtl. als Hausaufgabe).

Beschreibung

In einem *Milling around* gehen die Schüler nacheinander auf verschiedene Partner zu. Sie stellen einander abwechselnd die von ihnen ausgewählten Vokabeln mit der dazugehörigen Verknüpfung vor, z. B. so: *„I chose the word* vegetarian *because my sister is a vegetarian." „I chose the word* bagpipe *because I don't like the sound of bagpipes."*

Zielsetzung

Schon der Auswahlprozess zu Beginn führt zu einer intensiven Beschäftigung mit allen Vokabeln. Indem die Schüler eine persönliche Verknüpfung zu einigen Wörtern herstellen und diese ihren Mitschülern mehrmals präsentieren, prägen sie sich sowohl die selbst gewählten Vokabeln als auch die ihrer Mitschüler besser ein.

Weiterführung

An das *Milling around* können Sie ein *Ping pong* (siehe S. 25) anschließen: In 2er-Teams sollen die Schüler abwechselnd die Wörter nennen, an die sie sich erinnern, ohne in ihr Heft zu gucken. Lassen Sie die Wörter danach noch einmal im Plenum zusammentragen.

PERSONAL VOCABULARY CATEGORIES

Ziel:	Aufbau eines persönlichen Bezugs zu den Vokabeln
Klassenstufe:	ab Kl. 5
Dauer:	ca. 5 Minuten
Sozialform:	*Milling around* (siehe S. 6 f.)
Material/Medien:	**KV 6:** *My personal vocabulary categories* (S. 105)

Vorbereitung

Die Schüler tragen die Vokabeln aus der zu lernenden Vokabelliste in die aus ihrer Sicht passende Spalte auf der KV ein (evtl. als Hausaufgabe). Vokabeln, die sie keiner Kategorie zuordnen können, können sie weglassen. Sie können aber eine Mindestanzahl der einzutragenden Vokabeln vorgeben.

Beschreibung

In einem *Milling around* gehen die Schüler mit der ausgefüllten KV nacheinander auf verschiedene Partner zu. Sie stellen einander abwechselnd je fünf Wörter vor und begründen mithilfe der Redemittel auf der KV, warum sie die Vokabeln den einzelnen Kategorien zugeordnet haben.

Zielsetzung

Schon der Auswahlprozess führt zu einer intensiven Beschäftigung mit allen Vokabeln. Indem die Schüler sie einordnen und ihre Wahl begründen, prägen sie sich sowohl die selbst gewählten Wörter als auch die ihrer Mitschüler besser ein.

Weiterführung

An das *Milling around* können Sie ein *Ping pong* (siehe S. 26) anschließen: In 2er-Teams sollen die Schüler abwechselnd die Wörter nennen, an die sie sich erinnern, ohne auf ihre KV zu gucken. Lassen Sie die Wörter danach noch einmal im Plenum zusammentragen.

VOCABULARY MILLING AROUND

Ziel:	Wiederholung und Festigung der Vokabeln
Klassenstufe:	ab Kl. 5
Dauer:	ca. 5 Minuten
Sozialform:	*Milling around* (siehe S. 6 f.)
Material/Medien:	Karteikarten mit Vokabeln (pro Schüler 1 Karte)

Vorbereitung

Bereiten Sie Karteikarten mit den zu lernenden Vokabeln vor (eine Seite deutsch, eine Seite englisch) oder lassen Sie sie von einem Schüler vorbereiten.

Beschreibung

Jeder Schüler bekommt eine Karteikarte. In einem *Milling around* gehen die Schüler nacheinander auf verschiedene Partner zu. Sie zeigen dem Partner das deutsche Wort, er muss die englische Übersetzung nennen und mit dem Wort einen Satz bilden. Nachdem beide Partner jeweils die englische Vokabel genannt und einen Satz damit gebildet haben, tauschen sie die Karten aus und suchen sich einen neuen Partner.

Zielsetzung

Ziel ist die Wiederholung und Festigung der Vokabeln. Durch die Weiterführung der Methode trainieren die Schüler zudem ihre Rechtschreibung.

Weiterführung: Table test

An das *Milling around* können Sie einen *Table test* (siehe S. 61) anschließen: Alle Schüler legen ihre Karte mit dem deutschen Wort nach oben auf ihren Tisch. Nun gehen die Schüler mit ihrem Heft und zwei verschiedenfarbigen Stiften (einem zum Schreiben, einem zum Korrigieren) von Karte zu Karte, schreiben das englische Wort in ihr Heft, überprüfen ihre Lösung, indem sie die Karte umdrehen, und korrigieren das Wort ggf. mit ihrem Korrekturstift.

TABLE TESTS

Ziel: Wiederholung und Festigung der Vokabeln
Klassenstufe: ab Kl. 5
Dauer: ca. 10 Minuten
Sozialform: Einzelarbeit
Material/Medien: von den Schülern vorbereitete Tests

Vorbereitung

Geben Sie den Schülern als Hausaufgabe auf, die neuen Vokabeln zu lernen und, passend dazu, einen Vokabeltest für ihre Mitschüler vorzubereiten. Dies machen sie wie folgt: Sie falten ein DIN-A5-Blatt einmal. Auf die linke Seite des Falzes schreiben sie nun sieben englische Wörter ihrer Wahl, auf die rechte Seite schreiben sie die deutsche Übersetzung. Wichtig ist, dass die englischen Wörter richtig geschrieben sind. Beispiel:

English

1. completely
2. robber
3. (to) feed, fed, fed
4. ingredient
5. mysterious
6. villain
7. (to) carry

German

1. völlig
2. Räuber
3. füttern
4. Zutat
5. geheimnisvoll
6. Bösewicht
7. tragen

Beschreibung

Bitten Sie die Schüler, die zu Hause vorbereiteten Zettel erneut am Falz in der Mitte zu falten, sodass die englischen bzw. deutschen Wörter jeweils außen stehen. Nun legen die Schüler ihren Zettel so auf ihren Tisch, dass die deutschen Wörter oben liegen. Dann kann es losgehen. Jeder Schüler braucht sein Heft und zwei Stifte in unterschiedlichen Farben: einen zum Schreiben, z. B. blau, und einen zum Korrigieren, z. B. rot. Nun geht jeder Schüler zu einem Tisch und schreibt die englische Übersetzung der sieben deutschen Wörter in sein Heft. Anschließend dreht er den Zettel auf dem Tisch um und kontrolliert seine Lösung. Ggf. korrigiert er mit seinem Korrekturstift. Die falschen Wörter schreibt er 3-mal. Danach dreht er den Zettel wieder um, sodass die deutschen Wörter oben sind, und bearbeitet den nächsten Test.

Zielsetzung

Schon der Auswahlprozess im Zuge der Hausaufgabe führt zu einer intensiven Beschäftigung mit allen Wörtern. Durch die Vokabeltests wiederholen und festigen die Schüler die Vokabeln und werden sensibilisiert dafür, wie gut sie die Wörter tatsächlich beherrschen. Jeder Schüler kann in seinem eigenen Lerntempo arbeiten.

Weiterführung

An die Bearbeitung der Tests können Sie ein *Ping pong* (siehe S. 25) anschließen: In 2er-Teams sollen die Schüler die Wörter nennen, an die sie sich erinnern, ohne in ihr Heft zu gucken. Lassen Sie die Wörter danach noch einmal im Plenum zusammentragen.
Alternativ können Sie alle Schüler bitten, sich drei Wörter auszusuchen, die ihnen Schwierigkeiten bereitet haben – entweder weil sie die Übersetzung nicht kannten oder weil sie das englische Wort falsch geschrieben haben. Nun nennt ein Schüler eines seiner drei Wörter auf Deutsch. Die Schüler, die die englische Übersetzung kennen, melden sich. Der Schüler, der das deutsche Wort gesagt hat, nimmt einen Schüler dran. Nachdem dieser das englische Wort gesagt hat, nennt wiederum er ein deutsches Wort, bei dessen Übersetzung ins Englische er Schwierigkeiten hatte. Die Schüler, die das englische Wort wissen, melden sich, etc.

GUESS MY WORDS

Ziel:	Vermittlung von Redemitteln zur Beschreibung von Vokabeln, Wiederholung und Festigung von Vokabeln
Klassenstufe:	ab Kl. 6
Dauer:	ca. 20 Minuten
Sozialform:	Einzelarbeit, *Milling around* (siehe S. 6 f.)
Material/Medien:	Redemittel *Explaining words* auf **KV 2:** *Useful phrases* (S. 101)

Beschreibung

Teilen Sie KV 2 aus und lesen Sie sie einmal mit den Schülern. Bitten Sie sie dann, die Liste der neuen Vokabeln durchzugehen. Wenn sie ein Wort mithilfe der Redemittel gut erklären können, sollen sie es zusammen mit der passenden Beschreibung in ihrem Heft notieren. Das Wort selbst soll in der Beschreibung nicht vorkommen. Geben Sie den Schülern dafür ca. 10 Minuten Zeit. Im anschließenden *Milling around* gehen sie mit ihrem Heft nacheinander auf verschiedene Partner zu. Sie lesen einander abwechselnd eine Beschreibung vor, der Partner errät das Wort.

Zielsetzung

Schon der Auswahlprozess der Wörter führt zu einer intensiven Beschäftigung mit allen Vokabeln. Indem die Schüler sie beschreiben, prägen sie sich sowohl die selbst gewählten Vokabeln als auch die ihrer Mitschüler besser ein. Gleichzeitig erlernen sie Redemittel, mithilfe derer sie Wörter erklären können.

Weiterführung

Im Anschluss an das *Milling around* können Sie die Schüler bitten, ihre Rätsel nochmals an das Plenum zu richten. Wer das Wort weiß, meldet sich.

Hinweis

Wenn Sie diese Methode mehrfach eingesetzt haben, sodass den Schülern die Redemittel geläufig sind, können sie auch lediglich die ausgewählten Vokabeln ohne Beschreibung notieren. Im *Milling around* erklären sie die Wörter dann mündlich, statt ihre Erklärung vorzulesen.

TIPP

Take notes!

Bitten Sie die Schüler immer auch in Phasen, in denen sie über etwas nachdenken sollen, sich Notizen dazu zu machen. Bei der Methode *Guess my words* (siehe S. 63), bei der die Schüler mehrere Wörter notieren, die sie später ihren Klassenkameraden erklären, dienen die Notizen in erster Linie als Gedächtnisstütze. Aber auch, wenn es um weniger Wörter geht, z. B. bei der Methode *5 words about …* (siehe S. 26), ist es sinnvoll, dass die Schüler diese fünf Wörter notieren. Denn der Arbeitsauftrag *Take notes* schafft zum einen Verbindlichkeit. Zum anderen können Sie nur so kontrollieren, ob die Schüler tatsächlich gerade über die fünf Wörter nachdenken oder ob sie gedanklich bei ihrem letzten Wochenende sind.

VOCABULARY QUIZ I

Ziel:	Wiederholung und Festigung der Vokabeln und ihrer Rechtschreibung
Klassenstufe:	6–7
Dauer:	ca. 10 Minuten
Sozialform:	2er-Teams
Material/Medien:	5 von Ihnen vorbereitete Sätze und Präsentationsmöglichkeit, ggf. Kopien der Sätze

Vorbereitung

Schreiben Sie fünf kurze Sätze, in denen je mindestens eine neue Vokabel vorkommt, ohne Vokale auf. Wenn Sie z. B. die Vokabel *flea market* festigen wollen, können Sie den Satz *Thy ftn by thngs n th fl mrkt (They often buy things on the flea market)* aufschreiben. Sie können das Quiz vereinfachen, indem Sie nur bei Wörtern mit mindestens drei Buchstaben die Vokale weglassen. Machen Sie ggf. Kopien der Sätze.

Beschreibung

Präsentieren Sie den Schülern die Sätze. Sollten Sie Kopien für die Schüler machen, ist es wichtig, dass alle Schüler diese erst umdrehen und ansehen, wenn alle Schüler eine Kopie vor sich liegen haben, damit sie die Sätze gleichzeitig sehen. In 2er-Teams sollen sie herausfinden, wie die vollständigen Sätze lauten. Sie können dem Ganzen Wettbewerbscharakter verleihen, indem das Team gewinnt, das die Sätze am schnellsten vervollständigt hat. Nach ca. 5 Minuten sollten alle Schüler mindestens drei der fünf Sätze gelöst haben. Tragen Sie im Plenum alle vollständigen Sätze zusammen und schreiben Sie diese neben die Sätze ohne Vokale. Alle Schüler sollen ihre Rechtschreibung mithilfe dieser Musterlösung überprüfen.

Zielsetzung

Ziel ist die Wiederholung und Festigung der Vokabeln und ihrer Rechtschreibung. Die Schüler setzen sich intensiv mit den Wörtern auseinander und sind durch den spielerischen Charakter der Methode i.d.R. sehr motiviert.

VOCABULARY QUIZ II

Ziel: Wiederholung und Festigung der Vokabeln und ihrer Rechtschreibung
Klassenstufe: 5–7
Dauer: ca. 5 Minuten
Sozialform: 2er-Teams

Vorbereitung

Suchen Sie sich fünf Wörter aus der aktuellen *Unit* aus, die Sie wiederholen möchten.

Beschreibung

Die Schüler arbeiten in 2er-Teams. Beschreiben Sie nacheinander die ausgewählten Begriffe auf Englisch – die Schüler notieren die englischen Vokabeln zu Ihrer Erklärung in ihrem Heft. Bitten Sie sie im Anschluss, Ihnen nacheinander die Wörter zu nennen, die sie notiert haben. Schreiben Sie alle Vokabeln in der richtigen Reihenfolge an die Tafel. Nun tauschen die Partner ihre Hefte aus und vergeben Punkte: Für jedes richtige Wort, dessen Rechtschreibung ebenfalls korrekt ist, gibt es 1 Punkt, bei falscher Rechtschreibung nur 0,5 Punkte. Gewinner ist der Partner, der am meisten Punkte hat.

Zielsetzung

Ziel ist die Wiederholung und Festigung der Vokabeln und ihrer Rechtschreibung. Die Kontextualisierung der Wörter im Zuge der Weiterführung der Methode hilft den Schülern dabei, sich die Vokabeln besser zu merken.

Weiterführung

Lassen Sie die Schüler (mündlich oder schriftlich, in Einzel- oder Partnerarbeit) Sätze mit den Wörtern bilden, um die Vokabeln zu kontextualisieren. Anschließend können sie die Sätze im Plenum präsentieren.

BACKWORDS

Ziel: Wiederholung und Festigung von Vokabeln mit schwieriger Rechtschreibung
Klassenstufe: 5–7
Dauer: ca. 10 Minuten
Sozialform: 2er-Teams

Beschreibung

Die Schüler arbeiten in 2er-Teams. Partner A sitzt so auf seinem Stuhl, dass er die Lehne vor dem Brustkorb hat. Dadurch kommt Partner B, der hinter Partner A sitzt, gut an dessen Rücken. Beide Partner sitzen mit dem Rücken zur Tafel. Suchen Sie sich fünf Wörter aus der aktuellen *Unit* aus, deren Rechtschreibung schwierig ist (z. B. *jewellery* [BE] bzw. *jewelry* [AE]) und schreiben Sie sie an die Tafel. Partner B dreht sich kurz zur Tafel, sieht sich diese Wörter an und schreibt sie Partner A dann nacheinander in Großbuchstaben mit dem Finger auf den Rücken. Partner A überträgt die Buchstaben, die er fühlt, in sein Heft. Zum Schluss nennt er das Wort und Partner B kontrolliert die Rechtschreibung. Ist ein Wort nicht richtig geschrieben, schreibt er es noch mal auf den Rücken von Partner A, der erneut fühlt und die Rechtschreibung korrigiert. Wenn die meisten Teams fertig sind, tauschen sie die Rollen. Schreiben Sie dafür fünf weitere Wörter an die Tafel.

Zielsetzung

Ziel ist die Wiederholung und Festigung der Vokabeln und ihrer Rechtschreibung. Die Kontextualisierung der Wörter im Zuge der Weiterführung der Methode hilft den Schülern dabei, sich die Vokabeln besser zu merken.

Weiterführung

Lassen Sie die Teams Sätze mit den Wörtern bilden, um die Vokabeln zu kontextualisieren. Diese können sie im Anschluss im Plenum präsentieren.

VOCABULARY STORY

Ziel:	Wiederholung und Festigung der Vokabeln
Klassenstufe:	ab Kl. 7
Dauer:	ca. 5 Minuten
Sozialform:	2er-Teams

Vorbereitung

Schreiben Sie vor Stundenbeginn auf die Rückseite jedes Tafelflügels drei Vokabeln der aktuellen *Unit* bzw. der als Hausaufgabe zu lernenden Vokabeln. Die Wörter sollten möglichst nicht inhaltlich zusammenhängen.

Beschreibung

Die Schüler arbeiten in 2er-Teams. Bitten Sie alle Partner B, die Augen zu schließen. Klappen Sie den ersten Tafelflügel auf, um allen Partnern A die von Ihnen notierten Vokabeln zu zeigen. Diese sollen die Wörter abschreiben. Dann schließen sie ihre Augen, damit Sie den Partnern B die Vokabeln auf dem anderen Tafelflügel zeigen und diese sie notieren können. Nun bekommen alle Schüler 5 Minuten Zeit, um sich eine Geschichte zu ihren drei Vokabeln auszudenken und sich Notizen dazu zu machen. Dann erzählt Partner A Partner B seine Geschichte. Partner B muss die drei Vokabeln, die die Basis für die Geschichte bilden, erraten. Anschließend erzählt Partner B seine Geschichte, Partner A errät die Vokabeln.

Zielsetzung

Indem die Schüler die Vokabeln in eine Geschichte einbinden, kontextualisieren sie die Wörter. Dies hilft ihnen, sich ihre eigenen drei Vokabeln sowie die ihrer Mitschüler besser einzuprägen.

WORD FIELD ON THE BOARD

Ziel:	Festigung des Vokabulars eines bestimmten Wortfelds
Klassenstufe:	ab Kl. 5
Dauer:	ca. 5 Minuten
Sozialform:	2er-Teams
Material/Medien:	ggf. Redemittel *Describing animals* bzw. *Talking about sports* auf **KV 7:** *Word fields: animals, my room, sports* (S. 106)

Vorbereitung

Tragen Sie mit den Schülern im Zuge eines Brainstormings an der Tafel alle Wörter zusammen, die ihnen zu einem bestimmten Wortfeld einfallen (z. B. *sports, animals, school*). Besonders in Klasse 5 können Sie die Schüler, die unterschiedliches Vorwissen von ihrer Grundschule mitbringen, in diesem Bereich so auf den gleichen Stand bringen. Je nach Klassenstufe bzw. Thema brauchen die Schüler evtl. sprachliche Hilfe für die folgende Phase. Gehen Sie deshalb ggf. die entsprechenden Redemittel auf der KV (*Describing animals* bzw. *Talking about sports*) mit ihnen durch.

Beschreibung

Die Schüler arbeiten in 2er-Teams. Partner B dreht sich mit dem Gesicht zu der der Tafel gegenüberliegenden Wand. Partner A sucht sich fünf Wörter von der Tafel aus, die er seinem Partner nacheinander erklärt. Partner B versucht, die Wörter zu erraten. Anschließend tauschen die Partner die Rollen.

Zielsetzung

Indem die Schüler einander die Vokabeln erklären, prägen sie sich diese besser ein. Dies gilt auch für die entsprechenden Redemittel, wenn die Schüler sie verwenden. Der spielerische Charakter der Methode wirkt i. d. R. stark motivierend.

MY ROOM

Ziel: Festigung der Vokabeln für Farben, Möbel und Präpositionen
Klassenstufe: 5
Dauer: ca. 20 Minuten
Sozialform: Einzelarbeit, dann Plenum
Material/Medien: von Ihnen vorbereitete Bilder von Zimmern in Klarsichthüllen (pro Schüler 1 Katalogseite), Redemittel *My room* auf **KV 7:** *Word fields: animals, my room, sports* (S. 106)

Vorbereitung

Nehmen Sie einen dicken Möbelhauskatalog zur Hand und reißen Sie so viele Seiten mit eingerichteten Räumen heraus, wie Sie Schüler in Ihrer Klasse haben. Stecken Sie jedes Blatt in eine Klarsichthülle und suchen Sie sich die geeignetere Seite aus – d. h. die Seite, auf der mehr Möbel zu sehen sind, die die Schüler mithilfe der ihnen bekannten Vokabeln für Möbel und Farben gut beschreiben können. Verdecken Sie die ungeeignetere der beiden Katalogseiten mit einem weißen DIN-A4-Blatt.

Beschreibung

Jeder Schüler erhält von Ihnen eine Klarsichthülle mit dem Bild eines Raumes. Mithilfe der Redemittel *My room* auf der KV beschreibt jeder seinen Raum nun schriftlich. Bitten Sie dann drei Schüler, die Klarsichthüllen wieder einzusammeln, zu mischen und so neu zu verteilen, dass jeder Schüler eine andere Klarsichthülle als zuvor erhält. Nun liest ein Schüler die Beschreibung zu dem Raum, den er als Erstes hatte, vor. Alle anderen hören zu und sehen sich das Bild, das aktuell vor ihnen liegt, genau an. Dabei versuchen sie, herauszufinden, ob es sich um denjenigen Raum handelt, der gerade beschrieben wird. Haben sie den Eindruck, dass dies der Fall ist, zeigen sie dem Vorleser am Ende ihre Abbildung.

Zielsetzung

Indem die Schüler die Räume beschreiben, festigen sie die Vokabeln für Farben und Möbelstücke sowie Präpositionen. Der spielerische Charakter der Methode wirkt i. d. R. stark motivierend.

NUMBERS

Ziel: Festigung der Zahlen von 1–100
Klassenstufe: 5
Dauer: ca. 10 Minuten
Sozialform: *Milling around* (siehe S. 6f.)
Material/Medien: **KV 8:** *Numbers practice* (S. 107) (pro Schüler 1 zugeschnittene Karte)

Beschreibung

Jeder Schüler erhält eine Karte von der KV mit den Ziffern(folgen) links und den ausgeschriebenen Zahlen rechts. Diese faltet er entlang der Linie, sodass nun die Ziffern auf der einen Seite, die ausgeschriebenen Zahlen auf der anderen stehen. Dann gehen die Schüler in einem *Milling around* aufeinander zu. Schüler A zeigt Schüler B die Ziffern. Schüler B nennt die Zahlen der Reihe nach; Schüler A kontrolliert mithilfe der ausgeschriebenen Version. Danach ist Schüler A an der Reihe, die Ziffern auf der Karte von Schüler B zu nennen. Sind beide Schüler fertig, tauschen sie die Karten miteinander und suchen sich einen neuen Partner.

Zielsetzung

Die Schüler üben mündlich in „geschütztem Raum" die Zahlen, die sich so festigen. Im Zuge der Weiterführung trainieren sie auch die Rechtschreibung.

Weiterführung: Table test

An das *Milling around* können Sie einen *Numbers table test* (vgl. S. 61) anschließen, damit die Schüler auch die Rechtschreibung der Zahlen üben. Dies ist z. B. bei der unterschiedlichen Rechtschreibung von *four* und *forty* wichtig. Bitten Sie die Schüler, die Karte, die sie in der Hand halten, mit den Zahlen nach oben auf ihren Tisch zu legen. Nun gehen sie mit ihrem Heft und zwei verschiedenfarbigen Stiften (einem zum Schreiben, einem zum Korrigieren) von Karte zu Karte. Zunächst schreiben sie die Zahlen aus, dann drehen sie die Karte um, überprüfen ihre Lösung und korrigieren ggf. mit ihrem Korrekturstift.

GRAMMATIK ÜBEN

Running dictation

Ziel:	Training der Rechtschreibung, neu gelernter Strukturen (z. B. zusammengesetzte Zeiten, Komparativ, Passiv) oder der Unterscheidung zwischen Genitiv- und Plural-s
Klassenstufe:	5–7
Dauer:	ca. 15 Minuten
Sozialform:	Einzelarbeit
Material/Medien:	Anleitung *Running dictation* auf **KV 9:** *Running dictation and partner dictation* (S. 108), evtl. Kopien der Texte

Vorbereitung

Wählen Sie Ihren Diktattext je nach dem Schwerpunkt, den Sie setzen möchten. Wenn es Ihnen in erster Linie um Rechtschreibtraining und die Festigung neuer Vokabeln geht, können Sie jeden mit den Schülern bereits gelesenen Lehrbuchtext bzw. einen Teil davon als Diktattext nehmen. Zur Festigung von grammatikalischen Strukturen eignen sich auch gut (vor einiger Zeit bereits bearbeitete) Lückentexte zu diesem Thema aus dem *Workbook*. Kopieren Sie dann für das Laufdiktat *(Running dictation)* die Übung mit den ausgefüllten Lücken aus Ihrer Lehrerversion des *Workbooks*.
Da davon auszugehen ist, dass die Schüler für das Diktat sehr unterschiedlich lange brauchen, sollten Sie sich eine Aufgabe für die *turboworkers* überlegen.

Beschreibung

Verteilen Sie vier Lehrbücher oder Kopien mit dem vorgesehenen Text an unterschiedlichen Stellen im Klassenraum, die für die Schüler gut zu erreichen sind. Sollten Sie keinen Text aus dem Lehrbuch gewählt haben, legen Sie weitere Kopien des Diktattextes auf Ihr Pult. Lesen Sie dann mit den Schülern die Anleitung zum Laufdiktat auf der KV und klären Sie evtl. auftretende Fragen. Lassen Sie die Schüler die Übung so ausführen, wie auf der KV beschrieben.

Zielsetzung

Während des Laufdiktates richten die Schüler einen besonderen Fokus auf die Rechtschreibung schwieriger Wörter. Auch die Verbesserung ihrer Fehler führt im Idealfall dazu, dass sie daraus lernen und die Wörter im Folgenden richtig schreiben. Neben der Festigung der Rechtschreibung der Wörter, die im Laufdiktat vorkommen, erfolgt eine Sensibilisierung für die Rechtschrei-

bung im Englischen generell. Dies ist besonders in Klasse 5 wichtig, da die Orthografie der englischen Wörter in der Grundschule i. d. R. noch keine Rolle spielt, sodass den Schülern die Umstellung oft recht schwerfällt.
Neue grammatikalische Strukturen prägen sich beim Laufdiktat besonders dadurch ein, dass die Schüler sich diese Strukturen auf dem Weg vom Diktattext bis zu ihrem Platz merken müssen, um den Satz(teil) aufzuschreiben.

Variante: Partner dictation

Anstelle eines Laufdiktats können die Schüler sich den Text natürlich auch gegenseitig diktieren. Dazu finden sie sich in 2er-Teams zusammen. Sagen Sie den Schülern entweder, welchen Abschnitt des Lehrbuchtextes Partner A und welchen Partner B diktiert, oder händigen Sie Kopien der Diktattexte aus. Hier können die Partner entweder unterschiedliche kurze Texte bekommen oder Sie schneiden den Text etwa nach der Hälfte durch, sodass Partner A den ersten Teil des Textes diktiert, Partner B den zweiten. Lesen Sie mit den Schülern die Anleitung zum Partnerdiktat *(Partner dictation)* auf der KV und klären Sie evtl. auftretende Fragen. Lassen Sie die Schüler das Partnerdiktat dann so ausführen, wie auf der KV beschrieben.

CLAP YOUR HANDS

Ziel:	Fokussierung der Aufmerksamkeit der Schüler auf ein (neues) Grammatikthema (z. B. Verben, Adverbien, *simple past*) oder ein bestimmtes Wortfeld (z. B. *animals*)
Klassenstufe:	5–7
Dauer:	ca. 5 Minuten
Sozialform:	Plenum
Material/Medien:	geeigneter Lehrbuchtext

Beschreibung

Nehmen Sie den Text zur Hand, mithilfe dessen das Grammatikthema eingeführt wird bzw. in dem viele Vokabeln zum relevanten Wortfeld vorkommen. Lesen Sie den Schülern diesen langsam und deutlich vor. Je nach Schwierigkeitsgrad des Textes und Leistungsstand der Schüler sollten sie den Text ebenfalls vor Augen haben. Aufgabe der Schüler ist es nun, jedes Mal zu klatschen, wenn sie die gesuchte grammatikalische Form (Verb, Adverb, Verb im *simple past* …) oder ein zum Wortfeld passendes Wort hören. Entscheiden Sie selbst je nach Situation, wie Sie auf das Klatschen reagieren. Wenn nur wenige Schüler die Form bzw. das Wort erkannt haben, unterbrechen Sie Ihren Lesefluss und sagen Sie z. B.: *„Yes, play is a verb!"* Unterbrechen Sie den Lesefluss auch für einen berichtigenden Kommentar, wenn Schüler falsch klatschen. Wenn sehr viele Schüler an der richtigen Stelle klatschen, reicht ein non-verbaler Kommentar, z. B. ein Daumen-Hoch.
In Bezug auf Grammatik lässt sich die Methode zum einen zur Wiederholung anwenden. Wer in Klasse 5 das *he/she/it-s* einführt, wird feststellen, dass manche Schüler nicht wissen, was ein Verb ist. In diesem Fall können Sie den Schülern dies noch einmal erklären und sie dann bei jedem Verb klatschen lassen. Die Methode eignet sich aber auch, um bestimmte grammatikalische Formen einzuführen. Sagen Sie den Schülern z. B.: *„With this text you've learned a new form – the adverb. I'll read the text to you again. Clap your hands every time you think you hear an adverb."* Lesen Sie dann den Text und betonen Sie die ersten Adverbien übertrieben deutlich. Spätestens nach dem dritten Adverb haben die Schüler erkannt, dass es um die Wörter geht, die auf *-ly* enden, und werden auch ohne Ihre Betonung klatschen.

Zielsetzung

Mithilfe dieser Methode richten alle Schüler ihren Fokus auf die relevante grammatikalische Form bzw. die Wörter zum entsprechenden Wortfeld. So trainieren sie gleichzeitig ihre selektive Aufmerksamkeit, die in verschiedenen Alltagssituationen wichtig ist (z. B., um aus einer Lautsprecherdurchsage am Bahnsteig oder aus einem Radiobericht die relevanten Informationen herauszufiltern). Zudem macht die Methode den Schülern i.d.R. Spaß, denn sie schafft ein gewisses Gemeinschaftsgefühl, sodass sich alle trauen, sich zu beteiligen.

Wie war das noch mal?

Wenn Sie in der vergangenen Stunde ein Grammatikthema eingeführt und geübt haben und in der aktuellen Stunde nochmals üben bzw. ins Detail gehen möchten, ist eine kurze Wiederholung der Regeln zu Stundenbeginn sinnvoll. Um alle Schüler zu involvieren, können Sie dies wie folgt tun: Die Schüler finden sich in 2er-Teams zusammen. Nun schreiben Sie für alle Partner A und alle Partner B jeweils eine zum entsprechenden Grammatikthema passende Frage an die Tafel, die sie später im Gespräch beantworten sollen. In Bezug auf das Thema *Adjective vs. Adverb* könnten die Fragen wie folgt lauten:

Für Partner A: Wie lautet die regelmäßige Bildung eines Adverbs? Welche Sonderformen gibt es?

Für Partner B: Wann verwenden wir ein Adverb, wann verwenden wir ein Adjektiv?

Geben Sie den Schülern dann etwas Zeit, sich die in der Stunde zuvor notierten Regeln noch einmal durchzulesen. Im Anschluss erläutern beide Schüler ihrem Partner jeweils die Antwort auf ihre Frage in einem Gespräch. Lassen Sie beide Antworten noch einmal im Plenum nennen, um sicher zu sein, dass die Regeln richtig verstanden wurden. Entscheiden Sie selbst je nach Klassenstufe und Leistungsstand der Schüler, ob die Schüler auf Englisch oder auf Deutsch miteinander kommunizieren sollen.

BUSY PICTURES

Ziel:	Festigung von *present progressive, past progressive* oder *will-future*
Klassenstufe:	5–7
Dauer:	ca. 5 Minuten
Sozialform:	2er-Teams
Material/Medien:	Wimmelbild aus dem Lehrbuch oder Internet und Präsentationsmöglichkeit

Hinweis

Viele Lehrbücher beinhalten Wimmelbilder. Ist dies in Ihrem Lehrbuch nicht der Fall, werden Sie auf folgender Internetseite fündig: www.koelln.de/wissen-fun/wimmelbilder

Beschreibung

Präsentieren Sie den Schülern das Bild und schreiben Sie je nach der Zeitform, die Sie festigen möchten, einen entsprechenden Halbsatz als sprachliche Hilfestellung an die Tafel, z. B. für das *present progressive*:

- *A boy is … (verb + -ing)*
- *Two ladies are … (verb + -ing)*

In Partnerarbeit bilden die Schüler nun abwechselnd Sätze. Je nach Übungsschwerpunkt beschreiben sie, was gerade passiert, was in der Vergangenheit zu einem bestimmten Zeitpunkt passiert ist *(past progressive)*, oder sie versetzen sich in die Lage eines Hellsehers und treffen Aussagen über die Zukunft *(will-future)*. Um der Methode spielerischen Charakter zu verleihen, muss der jeweils zuhörende Partner die beschriebene Situation suchen und die Position im Bild benennen (z. B.: *„The boy is in the middle of the picture./The ladies are in the left upper corner."*)

Zielsetzung

Ziel dieser Methode ist die kontextbezogene Anwendung und die Festigung einer bestimmten Zeitform. Durch den spielerischen Charakter der Methode haben die Schüler i.d.R großen Spaß bei ihrer Durchführung.

LEARNING BUFFET

Ziel: selbstständiges Üben in Einzel- oder Partnerarbeit
Klassenstufe: 5–10
Dauer: 20–40 Minuten
Sozialform: Einzelarbeit/2er-Teams
Material/Medien: Aufgaben aus dem Lehrbuch mit Lösungen und/oder Kopien von Aufgaben aus den Zusatzmaterialien zum Lehrbuch mit Lösungen

Hinweis

Diese Methode eignet sich besonders gut zur Vorbereitung auf eine Klassenarbeit.

Vorbereitung

Überlegen Sie sich, welche grammatikalischen Themen Sie in den letzten Stunden behandelt haben und festigen möchten, und suchen Sie geeignete Aufgaben mit den dazugehörigen Lösungen dazu. Sollten Sie auf Aufgaben aus den Zusatzmaterialien zum Lehrbuch zurückgreifen, machen Sie davon sowie von den Lösungen Kopien im Klassensatz. Nutzen Sie möglichst keine Aufgaben aus dem Buch, zu denen die Schüler die Lösungen selbst einsehen können (in manchen Lehrbüchern *Check-out-pages* genannt), da Sie den Schülern damit die Möglichkeit nehmen, sich mithilfe dieser Aufgaben auf die Klausur vorzubereiten.

Beschreibung

Eröffnen Sie das *Learning buffet*, indem Sie den Schülern die „Speisekarte" zeigen. Diese könnte aussehen wie folgt:

- *Going-to-future: book p. 53, no. 1* (☺)/☺☺, ✎)
- *Compounds: workbook p. 32, no. 4* (☺)/☺☺, ✎)
- *Adjective or adverb?: worksheet* (☺)/☺☺, ✎)
- *Turboworkers I: book p. 55, no. 2: Look at the busy picture and take turns forming sentences in the going to-future orally.* (☺☺, 💬)
- *Turboworkers II: book p. 56: Read the text again together.* (☺☺, 💬)

Je nachdem, ob die Aufgabe mit ein oder zwei Smileys gekennzeichnet ist, ist sie für Einzel- oder Partnerarbeit (z. B. mit dem Sitznachbarn) vorgesehen. Der Stift bedeutet, dass sie schriftlich erledigt werden soll, die Sprechblase weist auf die mündliche Erledigung hin. Legen Sie die Lösungen an einen für die Schüler gut zugänglichen Ort, z. B. Ihr Pult oder die Fensterbank. Nun arbeiten die Schüler für die von Ihnen festgelegte Bearbeitungszeit selbstständig. Je nachdem, welche Themen die Schüler wiederholen möchten, suchen sie sich die passenden Aufgaben aus. Nach der Bearbeitung jeder Einheit kontrollieren sie ihr Ergebnis mithilfe der Lösungen, bevor sie zur nächsten Aufgabe übergehen. Die Schüler müssen am Schluss nicht alles erledigt haben. Sie können ihnen aber am Ende der Bearbeitungszeit die Lösungen zur Verfügung stellen, damit sie das, was sie nicht geschafft haben, zu Hause machen können (sozusagen als *doggy bag).*

Zielsetzung

Besonders im Hinblick auf eine Klassenarbeit sind die Schüler bei dieser Methode i. d. R. sehr motiviert bei der Sache. Sie suchen sich selbst aus, was sie üben möchten, sie arbeiten in ihrem eigenen Lerntempo und sie haben die Möglichkeit, letzte Fragen zu stellen. Psychologisch gesehen, kann diese Methode den Schülern zudem nach jeder Übung bzw. Aufgabe ein ähnlich gutes Gefühl geben, wie man es vom Abhaken der Punkte einer To-Do-Liste kennt.

TIPP

Attention, please!

Leider arbeiten die Schüler besonders in den unteren Klassenstufen oft sehr unkonzentriert. Bei der schriftlichen Bearbeitung von Grammatikaufgaben aus dem Lehrwerk machen sie nicht nur in Bezug auf das zu übende Grammatikthema Fehler, sondern häufig auch beim Abschreiben. Gehen Sie deshalb während der Arbeitsphase durch die Reihen, schauen Sie den Schülern über die Schulter und weisen Sie sie durch Bleistiftunterstreichungen in ihrem Heft auf ihre Fehler hin. I. d. R. können die Schüler sie dann selbst verbessern, und im Idealfall ist ihre Aufmerksamkeit für den Rest der Aufgabe geschärft.

Same same, but different!

Besonders bei der Bearbeitung von Grammatikaufgaben wird das teilweise große Leistungsgefälle in einer Klasse sichtbar, oft verbunden mit ganz unterschiedlichen Lerntempi der Schüler. Doch wie können Sie diese Herausforderung zugunsten aller Schüler und mithilfe des Lehrwerkes meistern?

Binnendifferenzierung durch unterschiedlichen Schwierigkeitsgrad der Aufgaben
Um das Leistungsgefälle in den Englischklassen aufzufangen, findet sich auf speziellen Seiten z. B. im hinteren Teil der Lehrbücher zu vielen Aufgaben eine einfachere Version für leistungsschwächere Schüler.

Binnendifferenzierung durch Zusatzaufgaben für die *turboworkers*
Eine Möglichkeit, schnellere Schüler zu fördern und zu fordern, sind die *turboworkers*-Aufgaben, die im Anschluss an die Pflichtaufgaben für alle Schüler erledigt werden können. Im Idealfall sind dies Aufgaben, die den Schülern Spaß machen und die fast jederzeit unterbrochen werden können – leider ist es allerdings schwer, diesen beiden Ansprüchen gerecht zu werden. Wichtig ist auch, dass nicht Übungen als *turboworkers*-Aufgaben verwendet werden, die eigentlich zum zusätzlichen Training gerade für die langsameren bzw. leistungsschwächeren Schüler sinnvoll wären. Gut geeignet sind z. B. folgende Übungen:

- Kreuzworträtsel oder Suchsel im *Workbook*
- Auftrag im Anschluss an eine Lückentextübung: *Form your own sentences … (z. B.: in the going-to-future. What are your plans for the weekend?)*
- stilles Lesen eines kurzen Textes im Lehrbuch oder *Workbook*, der sonst nicht in der Klasse gelesen bzw. bearbeitet wird

Alternativ können die *turboworkers* auch schon die Aufgabe bearbeiten, die alle anderen dann als Hausaufgabe bekommen. Somit werden die *turboworkers* für ihre Schnelligkeit belohnt, schwächere Schüler bekommen aber für die Aufgaben genug Zeit in der Schule bzw. zu Hause.
Durch die Vergabe von *turboworkers*-Übungen fordern und fördern Sie übrigens nicht nur Ihre Schüler, sondern Sie entlasten auch sich selbst. Denn Schüler, die beschäftigt sind, haben keine Zeit, Quatsch zu machen!

Kapitel 6

KOMMUNIKATIVE GRAMMATIKÜBUNGEN JENSEITS DES LEHRWERKS

GET UP!

Ziel: Festigung einer neu eingeführten Zeitform
Klassenstufe: 5–6
Dauer: ca. 5 Minuten
Sozialform: Plenum

Beschreibung

Bitten Sie die Schüler, aufzustehen, wenn sie eine Ihrer folgenden Fragen mit *yes* beantworten würden. Als Gedankenstütze für diesen Arbeitsauftrag können Sie Folgendes an die Tafel zeichnen:

Tafel © Matthias Enter | Fotolia.com

Stellen Sie den Schülern Fragen in der Zeit, die Sie in der vergangenen Stunde eingeführt haben. Wenn Sie das *will-future* wiederholen wollen, könnten Sie z. B. fragen: „*Will you have breakfast with the whole family at the weekend? Will you see your grandparents next week? Will you read a book this evening?*"

Zielsetzung

Die Bewegung zu Stundenbeginn und die Einfachheit der Aufgabe ist für viele Schüler motivierend und jeder ist involviert. Durch die Fragen sollen sich die Schüler nicht nur die Fragestruktur der neu eingeführten Zeit (hier die des *will-future*) einprägen, sondern auch, wann man die Zeit verwendet.

Weiterführung

Im Folgenden können Sie die Schüler bitten, schriftlich geeignete Fragen in der entsprechenden Zeit (hier im *will-future*) zu formulieren und die Methode dann selbst anzuleiten.

BATTLESHIP

Ziel:	Festigung einer neu eingeführten Zeitform, hier: *simple past*
Klassenstufe:	5–9
Dauer:	ca. 20 Minuten
Sozialform:	2er-Teams
Material/Medien:	**KV 10:** *Battleship* (S. 109)

Hinweis

Die Methode *Battleship* ist stark angelehnt an das Spiel *Schiffe versenken*. Viele Schüler kennen das deutsche Spiel und verstehen die Regeln schnell.

Beschreibung

Teilen Sie den Schülern die KV aus. Bitten Sie sie nun, Ihnen vier verschiedene Freizeitaktivitäten zu nennen. Diese lassen Sie die Schüler auf ihrer Spielvorlage in die oberste Zeile der oberen Tabelle neben *play football* eintragen. Weisen Sie die Schüler im Folgenden an, die Aktivitäten in gleicher Reihenfolge auch in die untere Tabelle zu übertragen. Zudem denkt sich jeder Schüler ein oder zwei Personen aus (siehe folgenden Hinweis), die diese Aktivitäten ausübt/ausüben. Diese(n) notiert er über der oberen Tabelle. Anschließend setzt er für seine Person(en) fünf Kreuze, um festzulegen, wann welche Tätigkeit ausgeübt wurde. Über die untere Tabelle schreibt dann jeder Schüler den bzw. die ausgedachten Namen seines Teampartners. Anschließend gehen Sie gemeinsam die unten auf der KV stehenden Spielregeln und die Beispiele durch. Sind jedem Schüler die Regeln und das Ziel des Spiels klar, dürfen sie mit dem Spiel in 2er-Teams beginnen.

Zielsetzung

Ziel der Methode *Battleship* ist, dass sich die Schüler die Fragestruktur in einer zuvor eingeführten Zeitform auf spielerische und kommunikative Weise einprägen.

Weiterführung

Wie auf dem Arbeitsblatt als *turboworkers*-Aufgabe beschrieben, können die Schüler im Anschluss an das Spiel Sätze mithilfe der gefundenen Informationen bilden.

Hinweis

Hier zielt die KV auf *simple past*. Bei der Festigung anderer Zeitformen ist es ratsam, Schüler A nur eine Person aussuchen zu lassen, die die Aktivitäten durchführt, Schüler B zwei Personen. Diese beiden Personen führen dann die gleichen Tätigkeiten durch, Ziel ist die Einübung des Unterschiedes zwischen Singular und Plural. Im *simple present* wird nur so für die Schüler deutlich, welches Hilfsverb man je nach Personenzahl in der Frage verwendet: *Does Jim play football every weekend? Do Kelly and Jenny talk on the phone every day?*

Your person(s): Gregory

→ Fill in 5 X!

	play football	go to the cinema	play computer	read	play music
last weekend	X	X			
yesterday	X				
in the morning					X
last Monday					
a week ago				X	

Your partner's person(s): Lucy

	play football	go to the cinema	play computer	read	play music
last weekend					
yesterday					
in the morning					
last Monday					
a week ago					

FUN TIME

Ziel: Festigung der Bildung von positiven und negativen Sätzen in verschiedenen Zeitformen, z. B. *going-to-future*
Klassenstufe: 5–9
Dauer: ca. 15 Minuten
Sozialform: Einzelarbeit, dann *Milling around* (siehe S. 6f.)

Beschreibung

In Einzelarbeit sollen die Schüler zunächst im Heft eine Tabelle ausfüllen. Diese Tabelle hat zwei Spalten: eine positive und eine negative. Soll in der Stunde z. B. das *going-to-future* gefestigt werden, tragen die Schüler in die Spalten je drei Aktivitäten ein, die sie am kommenden Wochenende machen werden (positiv) bzw. nicht machen werden (negativ). Hier sollen sie sich möglichst kreative und lustige Aktivitäten ausdenken. Ihre Tabelle könnte also z. B. wie folgt aussehen:

+	–
• *dance with my dog* • *fly to the moon* • *jump around on the back of a kangaroo in Australia*	• *ride a unicorn* • *sleep on a cloud* • *meet Donald Trump*

Schreiben Sie die folgende Frage bzw. die folgenden Satzanfänge an die Tafel (variieren Sie sie entsprechend bei anderen Zeitformen). Wichtig ist, dass ein Signalwort für die zu festigende Zeitform in der Frage enthalten ist, z. B. *next weekend* für die Zukunft, *last Saturday* für das *simple past, every Monday* für das *simple present.*

- *What are you going to do next weekend?*
- *I'm going to …, but I'm not going to …*

Im folgenden *Milling around* gehen die Schüler jeweils auf einen anderen Schüler zu und die Paare interviewen sich gegenseitig. Der Tafelanschrieb und ihre Notizen dienen ihnen als sprachliche Unterstützung. Ihre Unterhaltung könnte wie folgt aussehen:

- *What are you going to do next weekend?*
- *I'm going to dance with my dog, but I'm not going to ride a unicorn. I'm going to fly to the moon, but I'm not going to sleep on a cloud. I'm going to jump on the back of a kangaroo in Australia. I'm not going to meet Mr Trump.*

Nachdem beide Partner über ihre Wochenendpläne berichtet haben, trennen sie sich und suchen sich einen neuen Partner.

Zielsetzung

Ziel ist die Festigung der Bildung positiver und negativer Sätze in einer bestimmten Zeit. Durch die Verwendung der Signalwörter wird den Schülern zugleich deutlich, wann diese Zeitform verwendet wird. Die Tatsache, dass sie möglichst lustige und kreative Sätze bilden sollen, wirkt sich sehr motivierend aus.

Weiterführung

Im Anschluss an die Partnerinterviews im Zuge des *Milling around* können Sie die Schüler auffordern, sich einen Partner zu suchen und schriftlich Sätze über dessen Wochenende zu formulieren. Beide Partner legen dazu ihre Hefte nebeneinander auf den Tisch und sehen sich die Tabelle des anderen an. Dann notieren sie z. B.: *Tobi is going to dance with his dog on the weekend. He isn't going to ride a unicorn on the weekend.* Dies ist besonders sinnvoll, weil durch die Veränderung des Subjekts (im *Milling around: I,* nun: *he/she*) beim *going to-future* ein anderes Hilfsverb verwendet werden muss. Im *simple present* müssen die Schüler auf das *he/she/it*-s achten. Darauf sollten Sie sie im Voraus hinweisen und evtl. entsprechende Beispielsätze an die Tafel schreiben. Ihre Ergebnisse können die Schüler im Anschluss im Plenum präsentieren.

PICTURE POSTCARDS FROM ... LA?

Ziel:	Festigung des *gerund*
Klassenstufe:	7–9
Dauer:	ca. 15 Minuten
Sozialform:	2er-Teams
Material/Medien:	mind. 20 Postkarten **KV 11:** *Picture postcards from … LA ?* (S. 110), ggf. Redemittel *Discussion phrases* auf **KV 2:** *Useful phrases* (S. 101)

Vorbereitung

Verteilen Sie fünf Sets à vier Postkarten auf den Schülertischen. Die Karten an diesen Stationen sollten recht unterschiedlich sein, z. B. zwei aus Großstädten, eine vom Strand und eine, die die Alpen zeigt. Sollten Sie keine Postkartensammlung haben, können Sie die Schüler zwei Schulstunden zuvor bitten, je zwei Bilder eines Urlaubsortes (Stadt oder Natur) auszudrucken. Sammeln Sie die Bilder ein und suchen Sie die für diese Methode geeigneten Bilder aus.

Beschreibung

Teilen Sie jedem Schüler eine Kopie der KV 11 aus und lesen Sie sie gemeinsam durch. Stellen Sie sicher, dass jeder die Arbeitsanweisungen verstanden hat. Die Schüler arbeiten nun in 2er-Teams. Teilen Sie die Teams gleichmäßig auf die Stationen auf. Dann bilden die Schüler, wie auf der KV erklärt, an den unterschiedlichen Stationen mithilfe der Redemittel auf der KV mündlich Sätze mit dem *gerund*.

Zielsetzung

Ziel dieser Methode ist die kontextbezogene Anwendung und die Festigung des *gerund*. Durch die Weiterführung fördern Sie die Diskussionsfähigkeiten der Schüler.

Weiterführung

Im Anschluss können Sie die Schüler in 4er-Teams an einer Station diskutieren lassen, an welchen der Orte auf den Postkarten sie gern gemeinsam reisen würden und warum. Dazu müssen sie sich auf einen Ort einigen. Um Argumente zu formulieren, liefert die KV *Picture postcards from … LA?* wieder sprachliche Unterstützung. Überdies sind die *Discussion phrases* von KV 2 für die Diskussion hilfreich.

Variante: If we went to New York …

Die gleiche Methode können Sie anwenden, um die *conditional clauses* und deren Anwendung zu festigen. Die Schüler sollen sich auch hier vorstellen, in einem Reisebüro zu sein. Statt der Sätze mit *gerund* bilden sie jedoch *conditional clauses II*, z. B.: *„If we went to New York, we would go shopping on 5th Avenue."* Schreiben Sie einen Beispielsatz als Orientierung an die Tafel. Nach den Ferien kann auch der *conditional clause III* wiederholt werden: *„If we had gone to New York, we would have gone shopping on 5th Avenue."* Auch bei dieser Variante ist der mittlere Teil der KV *Picture Postcards from … LA?* hilfreich.

SO MANY PROBLEMS TO SOLVE!

Ziel: Festigung der *conditional clauses II*
Klassenstufe: 7–9
Dauer: ca. 15 Minuten
Sozialform: 4er-Gruppen
Material/Medien: Sets aller Karten von **KV 12:** *So many problems to solve!* (S. 111 f.), am besten auf etwas festeren Karton kopiert (pro Gruppe 1 Set)

Vorbereitung

Jede Gruppe bekommt ein Kartenset aller Karten der KV. Diese können als Hausaufgabe oder in einer vorhergehenden Stunde von besonders schnellen Schülern zugeschnitten werden. Vor Spielbeginn werden die Karten gemischt. Zunächst teilen die Schüler die *problem cards* untereinander aus, sodass jeder eine davon erhält. Danach werden alle *advice cards* gleichmäßig an die Gruppenmitglieder verteilt. Davon erhält jeder Schüler sieben Stück.

Beschreibung

Die Schüler spielen das Spiel nach den Regeln auf der KV und geben einander so Ratschläge unter Verwendung der *conditional clauses II*. Zusätzlicher Hinweis für Sie: Sollte es auch 3er-Gruppen geben, werden nur drei *problem cards*, aber trotzdem alle *advice cards* ausgeteilt. Wer am Ende die meisten Punkte gesammelt hat, ist der beste „Ratgeber" und Sieger des Spiels.

Zielsetzung

Ziel dieser Methode ist die kontextbezogene Anwendung und die Festigung der *conditional clauses II*.

THE PERFECT BIRTHDAY PRESENT

Ziel:	Festigung der Entscheidungsfragen im *simple present* bzw. des *gerund*
Klassenstufe:	6–9
Dauer:	ca. 10 Minuten
Sozialform:	*Milling around* (siehe S. 6 f.)
Material/Medien:	von den Schülern vorbereitete „Geschenke", DIN-A6-Karteikarten (pro Schüler 4 Karten)

Vorbereitung

Teilen Sie jedem Schüler vier leere Karteikarten der Größe DIN A6 aus. Geben Sie ihnen, am besten übers Wochenende, die folgende Hausaufgabe: *„Look at some advertisement leaflets at the weekend. Choose four things which you'd like to receive on your birthday. Cut them out and glue each one on a cue card."* Schließen Sie dabei elektronische Geräte aus *(„Do not choose any electronic device")* – sonst wird fast jeder Schüler ein Smartphone aussuchen. Wer keine Werbeprospekte zur Hand hat, kann die Geschenke zeichnen oder Bilder ausdrucken.

Beschreibung

Jeder Schüler sucht sich von seinen vier Karten seine drei „Lieblingsgeschenke" aus und legt die vierte Karte auf Ihr Pult. Schreiben Sie währenddessen als sprachliche Unterstützung für die Schüler die folgenden Satzanfänge an die Tafel:

- *Do you sometimes/often ...?*
- *Do you like/enjoy ... (verb + ing/noun)?*
- *Yes, I do./No, I don't.*

Verteilen Sie die auf Ihr Pult gelegten Karten an die Schüler, die die Hausaufgaben nicht gemacht haben. Nun kann es losgehen: Im *Milling around* gehen die Schüler jeweils aufeinander zu und stellen einander abwechselnd Fragen, durch die sie herausfinden sollen, über welches der von ihnen vorbereiteten Geschenke sich das Gegenüber am meisten freuen würde. Dabei werden die Karten dem Gegenüber nicht gezeigt. Ein Schüler, der ein Skateboard, ein Buch und Turnschuhe auf seinen Karten hat, könnte z. B. fragen: *„Do you like sports? Do you often spend time outside? Do you often read?"* Wenn jeder

Schüler sechs Fragen gestellt hat, übergibt er die Karte mit dem seiner Ansicht nach passendsten Geschenk an sein Gegenüber. Dann suchen sich beide Schüler einen neuen Partner.

Zielsetzung

Ziel dieser Methode ist die kontextbezogene Anwendung und die Festigung der Entscheidungsfragen im *simple present* und des *gerund*.

Hinweis

Diese Methode eignet sich auch gut für die Vorweihnachtszeit – dann geht es natürlich nicht um Geburtstags-, sondern um Weihnachtsgeschenke.

EIN TIPP ZUM SCHLUSS

„Your best teacher is your last mistake"[7]

Schüler lernen am besten aus Fehlern, wenn sie sich selbst verbessern. Zudem gibt es ihnen die Möglichkeit, im Plenum vor den Klassenkameraden ihr Gesicht zu wahren, wenn sie sich selbst korrigieren, statt vom Lehrer verbessert zu werden. Im Folgenden möchte ich einige Tricks vorstellen, die den Schülern diese Möglichkeit geben.

Mimik und Gestik

Setzen Sie Mimik und Gestik ein, wenn ein Schüler etwas Falsches sagt. Wenn Sie seltsam gucken, wird er es merken und kann sich evtl. selbst verbessern. Je nach Situation können Sie auch noch einmal auf das dazu passende Tafelbild, Merkposter etc. zeigen.

Vergessenes *he/she/it*-s

Wenn ein Schüler im Plenum einen Satz sagt, in dem er das *he/she/it*-s vergessen hat, machen Sie ihm dies durch ein Handzeichen deutlich. Sie können ihm z. B. drei Finger zeigen (stellvertretend für „Achtung! 3.-Person-Singular-s!") oder mit beiden Händen ein „s" formen. Dann kann sich der Schüler schnell selbst verbessern.

Thematisierung von Fehlerquellen vor oder nach der Textproduktion

Sollten Sie vor der Textproduktion schon ahnen, welche Fehler viele Schüler machen werden, thematisieren Sie diese Fehlerquellen vorab. Je nach Thema sind typische Fehler z. B. **american* oder **Sarahs friends*. In einer Klausur kann es sinnvoll sein, unter die Textproduktionsaufgabe eine *language help box* zu stellen, in der auf vorprogrammierte Fehler hingewiesen wird. Die Schüler werden so dafür sensibilisiert und Sie müssen im Idealfall weniger Fehler korrigieren.
Sollten Sie erst während einer Phase der Textproduktion merken, dass viele Schüler den gleichen Fehler machen, z. B. **The most students have lunch in the cafeteria*, machen Sie alle Schüler im Anschluss an die Phase auf diesen Fehler aufmerksam. Schüler, die ihn gemacht haben, können ihn dann eigenständig in ihrem Text verbessern.

---

[7] *Ralph Nader (2012):* The Seventeen Solutions: Bold Ideas for Our American Future, Harper Paperbacks, S. 259

Bleistiftunterstreichungen während der Textproduktion
Gehen Sie in Phasen der Textproduktion durch die Reihen und sehen Sie den Schülern über die Schulter. Unterstreichen Sie fehlerhafte Stellen zunächst mit einem Bleistift – viele Fehler können die Schüler selbst verbessern. Kommen Sie nach einigen Minuten noch einmal zurück, um nachzusehen, ob der entsprechende Schüler die Fehler verbessert hat oder doch noch Ihre Hilfe braucht.

Korrekturbriefchen bei Textpräsentationen
Wie reagiert man auf sprachliche Fehler, wenn Schüler stolz im Plenum ihren Text präsentieren? Diese Frage ist aus meiner Sicht nicht leicht zu beantworten. Wer im Anschluss an die Präsentation alle sprachlichen Fehler vor der Klasse thematisiert, wird so weitere Schülerpräsentationen effektiv unterbinden. Wer jedoch gar nicht korrigiert, gibt dem Schüler auch nicht die Möglichkeit, aus seinen Fehlern zu lernen. Was also tun? Gute Erfahrungen habe ich mit der folgenden Methode gemacht: Wenn ein Schüler einen Text präsentiert, notiere ich die wichtigsten Korrekturen auf einem kleinen Zettel, den der Schüler im Anschluss an die Präsentation bekommt. Darauf kann z. B. stehen: *He often sit***s** *in the garden*, wenn der Schüler das *he/she/it*-s vergessen hat. Nach der Präsentation gebe ich im Plenum i.d.R. lediglich inhaltliches Feedback. Sprachliche Fehler thematisiere ich dort nur dann, wenn es sich um Fehler handelt, die von vielen Schülern gemacht werden, wie z. B.: **In the evening I did my homeworks.* Wenn der Text sehr gut war und ich keinen Fehler gehört habe, male ich einen Smiley auf den Zettel. So bekommt jeder Schüler einen Zettel und niemand muss sich schlecht fühlen, weil er einen erhält. Bitten Sie die Schüler,
ihren Text im Anschluss an ihre Präsentation mithilfe des Zettels zu verbessern.
Oft ist es sehr anstrengend, den Schülern zuzuhören und simultan auf den Inhalt zu achten, Fehler zu hören und diese zu notieren. Es wird Ihnen auch nicht immer gelingen, alle Fehler zu hören bzw. aufzuschreiben. Ich denke aber, dass sich diese Anstrengung lohnt, denn aus Fehlern lernen Schüler – aber nur, wenn sie sich ihrer bewusst sind.

Korrekturfarbe

Wenn es in der Stunde darum geht, eine Hausaufgabe oder eine im Unterricht bearbeitete Grammatikaufgabe zu vergleichen, fordere ich die Schüler immer auf, einen Korrekturstift zur Hand zu nehmen. Dieser Stift muss eine andere Farbe haben als der, mit dem sie die Aufgabe erledigt haben. Dies hat den Vorteil, dass den Schülern ihre Fehler wesentlich bewusster werden. Wer sieht, dass die mit Füller geschriebene Aufgabe nach dem Vergleich im Plenum voller roter Korrekturen ist, dem wird deutlich, dass er das Thema wohl noch nicht so gut verstanden hat. Jemand, der alle Fehler sauber weggekillert und blau verbessert hat, hat dies weniger vor Augen.

Ausspracheanalogien

Die Aussprache bestimmter Wörter fällt vielen Schülern schwer, weil sie vom Deutschen stark abweicht. Oft helfen hier Ausspracheanalogien. Wenn die Schüler ein neues Wort lernen, dessen Aussprache ihnen Schwierigkeiten macht, suchen Sie nach einem ihnen bereits bekannten Wort, dessen Aussprache und/oder Betonung ähnlich ist. Probleme bereitet den Schülern z. B. oft das Wort *anonymous*, da es ganz anders als im Deutschen betont wird. Wenn Sie alle Schüler erst den Namen *Hieronymus* im Chor sprechen lassen und danach analog dazu *anonymous*, wird ihnen die Betonung wesentlich leichter fallen. Ein weiteres Wort, dessen Aussprache den Schülern oft Schwierigkeiten bereitet, ist *sleigh*. Hier hilft es, die Schüler im Chor *hey* und im Anschluss *sleigh* sagen zu lassen. Das den Schülern bekannte Wort muss nicht aus der englischen Sprache sein. Da es nicht immer einfach ist, analog klingende Wörter zu finden, eignen sich zur Not auch deutsche Wörter, wie z. B. *yacht* (AE) – Bad.

Und in Klausuren: *Simon says …*

Dass Sie im Unterricht Fehler korrigieren, ist wichtig – denn daraus lernen die Schüler selbstverständlich nur, wenn sie thematisiert werden. Kriegsentscheidend ist letzten Endes jedoch, dass die Schüler ihre eigenen Fehler finden und verbessern. Indem Sie sie im Unterricht dahin gehend anleiten, legen Sie hierfür schon den Grundstein. Oft gelingt es mit etwas Abstand am besten, eigene Fehler zu finden und zu korrigieren – auch in einer Klausur. Diesen Abstand können Sie den Schülern wie folgt ermöglichen: Bitten Sie alle im Anschluss an die Bearbeitungszeit für die Klausur, ihre Hefte zu schließen, aufzustehen und die Fenster zu öffnen. Spielen Sie dann mit der Klasse das simple Spiel *Simon says*: Immer wenn Sie den Schülern eine Anweisung wie *Sit down* geben und diese mit *Simon says* einleiten, müssen sie der Anweisung folgen. Fehlt diese Einleitung, dürfen sie ihr nicht folgen – sonst scheiden sie aus. Als Anweisungen eignen sich gut *sit down – stand up – jump*. Mehr als drei sollten es nicht sein. Geben Sie die Anweisungen möglichst schnell hintereinander. Ziel ist es, dass die Schüler sich auf das Spiel konzentrieren und den Kopf frei bekommen, um sich im Anschluss wieder auf ihre Arbeit konzentrieren und einen Korrekturgang vornehmen zu können. Wenn Sie den Schülern das Ziel der Methode erklären, können Sie sie bis in Klasse 10 anwenden. Die Schüler wissen sie zu schätzen, wenn sie merken, dass sie dadurch tatsächlich noch Fehler finden.

KOPIERVORLAGEN

KV 1:

WORKING WITH PICTURES

Describing a picture / photo

In the picture, you can see …	Auf dem Bild kann man … sehen.
In the foreground, there is / are …	Im Vordergrund ist / sind …
In the background, there is / are …	Im Hintergrund ist / sind …
On the left, you can see …	Links kann man … sehen.
On the right, you can see …	Rechts kann man … sehen.
At the top, you can see …	Oben kann man … sehen.
At the bottom, you can see …	Unten kann man … sehen.
In front of …	Vor …
Behind …	Hinter …
Next to …	Neben …

Jumping into a picture / photo

- I would / wouldn't like to be in this picture because …
- If I were in this picture, I would see / smell / feel / hear …
- If I were in this picture, I would sit / stand in / on / next to …
- If I were in this picture, I would ask / tell the lady / man / child in the photo …

What else would you do if you were in the picture? → If I were in the picture, I would …

I spy …

I spy with my little eye …
- something which is under / on / in / next to / …
- something which is small / big.
- something which is red / blue / yellow / green / ...
- something which is round / triangular / rectangular …
- something which has …

© Alvov | Fotolia.com

ISBN 978-3-8346-4223-3 | www.verlagruhr.de

KV 2

USEFUL PHRASES

Explaining words

- It's a person who …
- It's an animal which …
- It's a place which/where …
- It's something that you need to …
- You use it to …
- You need it … [+ time, e.g. every morning/in the summer/around Christmas/ …]
- You find it … [+ place, e.g. at school/in the bathroom/in nature/ …]
- It's a kind of … [+ category, e.g. food/furniture/sport/ …]
- It's … [+ colour, e.g. red/blue/green/ …]
- It's … [+ form, e.g. round/oval/angular-shaped/big/small …]
- It's the opposite of …
- It's another word for …
- It's the British English/American English word for …
- Let me give you some examples: … [e.g. bananas, apples, peaches → fruits]
- You feel this way (when you) … [e.g. You feel this way before a test. → nervous]

Discussion phrases

How to introduce your statement
- Well, I think …
- It seems to me that …
- I'd like to say that …
- I'm sure that …
- I think/believe that …

How to agree with the previous speaker
- I (totally) agree.
- You are quite right.
- Absolutely./Precisely./Exactly.
- That's a good point/an important point.

How to interrupt somebody
- Hold on, …
- Wait a minute, …
- Just a second, …
- Sorry, but …
- May I say/ask something?

How to disagree with the previous speaker
- I'm of a different opinion.
- I don't agree with you.
- I don't think so.

PIMP YOUR ENGLISH LESSON!

ISBN 978-3-8346-4223-3 | www.verlagruhr.de

WORKING WITH TEXTS

Inner conflict

- On the one hand …, on the other hand …
- It's obvious that … ⟷ But it's also quite clear that …
- It might be a good idea to … ⟷ But it isn't as simple as that.
- The other side of the coin is that …
- I'm sure that … ⟷ But then again …
- However …
- Nevertheless …
- Alternatively … / Instead …
- And what if …?
- Maybe I could …
- I wonder whether / why …
- The problem is that …

© burnhead | Fotolia.com

Responding to an informational text

- I think it's interesting / shocking / surprising / … that …
- I didn't know that … / I had no idea that …
- I can't believe that … / It's hard to imagine that …
- I wonder whether / why …

Responding to literature

- I like / dislike the chapter / text because it's captivating[1] / funny / moving / (not) very realistic / rather boring.
- The passage in which … made me feel …
- This part is very realistic / unrealistic because …
- I think the relationship between X and Y is interesting because …
- To me the funniest / most moving / most interesting passage is the one in which … because …
- I could really relate to this character because …
- I wonder whether / why …
- I felt sad / shocked … when I read …
- I didn't understand the part when …
- I didn't understand why …
- I think what X says is important / interesting, because … (+ quote from the text)

[1] *captivating:* spannend

ISBN 978-3-8346-4223-3 | www.verlagruhr.de

KV 4:

KV 4

WRITING AN INNER MONOLOGUE / A DIARY ENTRY / AN EMAIL

Writing an inner monologue / a diary entry

- Dear diary, guess what happened today: …
- Dear diary, I had such a great day today.
- Dear diary, today something really weird happened.
- I can't believe that …
- I wonder why / how …
- I feel so …
- This is great / amazing / horrible / awful because …
- How could he / she do this to me?
- What am I supposed to do now?

© karunyapas | Fotolia.com

Writing an email

- Dear …
- I hope you are doing well.
- I had a great / terrible / very special day today. Let me tell you all about it!
- Please write back soon.
- Love, … / Yours, …

Writing about what happened

When writing about an event, use words to make your story interesting and coherent[1]:

- first, at the beginning
- later, some time later, an hour later
- at the end, finally
- because of this, that is why, therefore, for this reason
- but (Satzmitte), however (Satzanfang)
- although, in spite of this

Adjectives

Also, use adjectives like *interesting, amazing, colourful, small, round.* That way, the reader can easily imagine what you describe.

[1] *coherent:* zusammenhängend

PIMP YOUR ENGLISH LESSON!

ISBN 978-3-8346-4223-3 | www.verlagruhr.de

KV 5:

FEELINGS

KV 5

Happiness

(to) be pleased about sth.	erfreut über etw. sein
(to) be happy about sth.	glücklich über etw. sein
(to) be excited about sth.	von etw. begeistert sein
(to) be proud of sth.	stolz auf etw. sein
(to) be relieved about sth.	erleichtert über etw. sein
(to) feel at ease / comfortable	sich wohlfühlen

Surprise

(to) be surprised about sth.	über etw. überrascht sein
(to) be amazed at / by sth. (positive)	über etw. erstaunt sein

Sadness and loneliness

(to) be sad	traurig sein
(to) feel lonely / lonesome	sich einsam fühlen
(to) feel forlorn	sich verloren fühlen
(to) feel rejected / left out	sich zurückgewiesen fühlen

Anger

(to) be angry / furious / mad at / with sb.	wütend auf jdn. sein
(to) be outraged	empört / schockiert sein
(to) feel (deeply) offended / hurt	(schwer) gekränkt sein

Fear

(to) be intimidated	eingeschüchtert sein
(to) be afraid / frightened	Angst haben
(to) feel tense	angespannt sein
(to) be nervous about sth.	wegen etw. nervös sein
(to) be alarmed / anxious / worried about sth.	beunruhigt / besorgt über etw. sein

Ill at ease

(to) feel ill at ease / uncomfortable	sich unwohl fühlen
(to) be ashamed of sth. / embarrassed by sth.	sich für etw. schämen
(to) be frustrated	frustriert sein
(to) be confused / puzzled	verwirrt sein
(to) feel totally empty	sich ganz leer fühlen
(to) feel insecure	sich unsicher fühlen
(to) feel guilty about sth.	sich für etw. schuldig fühlen

Powerlessness

(to) be tired	müde sein
(to) be exhausted	kraftlos, geschwächt sein
(to) be discouraged	entmutigt sein
(to) feel desperate / hopeless	verzweifelt / hoffnungslos sein
(to) be downhearted	niedergeschlagen sein

PIMP YOUR ENGLISH LESSON!

ISBN 978-3-8346-4223-3 | www.verlagruhr.de

KV 6:

MY PERSONAL VOCABULARY CATEGORIES

KV 6

positive ☺	negative ☹	easy to learn ☺	hard to learn ☹
• The word ... reminds me of/ makes me think of … • I feel happy/excited/ … when I hear the word … because … • When I was younger, I … [+ ending with the word]. • I enjoy/like it when … [+ ending with the word]. • I often/sometimes … with my friends …	• The word … reminds me of/ makes me think of … • I feel sad/nervous/ … when I hear the word … because … • When I was younger, I … [+ ending with the word]. • I don't like it when … [+ ending with the word].	• The word … is similar to the German/Latin/French/ Spanish word … • The German/Latin/French/ Spanish word … is almost the same. • I know the word … from the song/computer game … …	• I think the word … is hard to write. I always forget the … [+ letter]/I always write … [+ letter, e.g. an l] too much. • I think the word … is hard to pronounce.

PIMP YOUR ENGLISH LESSON!

ISBN 978-3-8346-4223-3 | www.verlagruhr.de

KV 7:

WORD FIELDS: ANIMALS, MY ROOM, SPORTS

KV 7

Describing animals

- My animal is small / big.
- My animal is (+ colour).
- My animal is slow / fast.
- My animal can / can't jump/fly.
- My animal has a fur[1].
- My animal has spots[2] / stripes[3].
- My animal lives in Europe / Africa …
- My animal is a pet.
- My animal eats …
- You can see my animal on a farm / in the zoo.

---
[1] *fur:* Fell
[2] *spot:* Fleck
[3] *stripe:* Streifen

My room

- My room is a … [e.g. living room].
- In my room there is ... [e.g. a couch].
  there are … [e.g. four chairs].
- The couch is … [e.g. pink].
- The chairs are … [e.g. blue].
- On the table there is / are …
- Next to the bed there is / are …
- My room is big / small / cool / nice / great / fantastic / cosy.

Talking about sports

- You practise this kind of sports inside / outside / on a football field / on a tennis court / on a pitch / in the water.
- It's a summer / winter sports.
- You play it in a team of … players.
- You can practise alone / with friends.
- The rules are easy / complicated.
- For this kind of sports you need …
  - a swim shorts / a bikini.
  - a helmet.
  - a racket.
  - trainers.
  - a ball.
  - a pair of skis.
  - hiking boots.
  - roller skates.
  - a canoe.
  - music.

- The equipment you need is rather cheap / expensive.
- This kind of sports is …
  - dangerous.
  - exhausting.
  - a lot of fun.

PIMP YOUR ENGLISH LESSON!

ISBN 978-3-8346-4223-3 | www.verlagruhr.de

KV 8

NUMBERS PRACTICE

4 15 26 31 44 58 62 79 83 99	four fifteen twenty-six thirty-one forty-four fifty-eight sixty-two seventy-nine eighty-three ninety-nine	7 18 22 37 41 55 63 75 82 97	seven eighteen twenty-two thirty-seven forty-one fifty-five sixty-three seventy-five eighty-two ninety-seven
9 17 26 38 49 50 61 70 84 93	nine seventeen twenty-six thirty-eight forty-nine fifty sixty-one seventy eighty-four ninety-three	13 24 32 41 56 67 78 81 94 100	thirteen twenty-four thirty-two forty-one fifty-six sixty-seven seventy-eight eighty-one ninety-four one hundred
3 12 20 33 48 54 65 71 80 91	three twelve twenty thirty-three forty-eight fifty-four sixty-five seventy-one eighty ninety-one	2 14 27 35 43 51 66 77 89 98	two fourteen twenty-seven thirty-five forty-three fifty-one sixty-six seventy-seven eighty-nine ninety-eight
1 11 23 34 46 59 64 72 80 92	one eleven twenty-three thirty-four forty-six fifty-nine sixty-four seventy-two eighty ninety-two	5 10 28 33 42 57 67 70 88 90	five ten twenty-eight thirty-three forty-two fifty-seven sixty-seven seventy eighty-eight ninety

PIMP YOUR ENGLISH LESSON!

ISBN 978-3-8346-4223-3 | www.verlagruhr.de

KV 9:

RUNNING DICTATION AND PARTNER DICTATION

Running dictation

Your teacher has placed several copies of one text at different places in the classroom.

1. **Go to one copy and remember the first sentence or the first part of this sentence. Pay special attention to words which are difficult to write.**
2. **Go back to your seat and write (the part of) the sentence down.**
3. **Stand up and go to another text this time. Remember the next (part of the) sentence.**
4. **Go back to your seat and write (the part of) the sentence down.**
5. **Repeat steps 1–4 until you have written down the whole text.**
6. **Look at the text in your English book./Take a copy of the text from your teacher's desk. Take a pen of a different colour. Correct your sentences with the help of the original text.**
7. **Write each word which you misspelled three times.**

Partner dictation

1. **<u>Partner A:</u> Dictate the first part of the text to your partner. Make sure to speak English during the dictation. Use the chart below for help.**
2. **<u>Partner B:</u> Dictate the second part of the text to your partner. Make sure to speak English during the dictation. Use the chart below for help.**
3. **Having dictated both parts to each other, each of you should correct your own sentences with the help of the original text. Use a pen of a different colour to correct your sentences.**
4. **Write each word which you misspelled three times.**

punctuation marks	**communication with your partner**
. full stop (BE)/period (AE) , comma ? question mark ! exclamation mark ' apostrophe : colon " " quotation marks	Can you repeat this word/sentence, please? Not so fast, please!

ISBN 978-3-8346-4223-3 | www.verlagruhr.de

KV 10:

KV 10

BATTLESHIP

Your person(s): ....

→ Fill in 5 X!

	play football				
last weekend					
yesterday					
in the morning					
last Monday					
a week ago					

Your partner's person(s): ....

	play football				
last weekend					
yesterday					
in the morning					
last Monday					
a week ago					

Ask questions to find out what your partner's person(s) did at which time.
Stelle Fragen, um herauszufinden, was die Person(en) deines Partners wann gemacht hat/haben.

Examples:
***Did** Dave play football on the weekend? –*
*Yes, he **did**./No, he **didn't**.*
***Did** Holly and Sarah play football last Monday?*
*Yes, they **did**./No, they **didn't**.*

After every question you asked put an X into the lower grid if the answer was "yes". Put an O into the lower grid if the answer was "no".
Trage nach jeder Frage, die du gestellt hast, ein X in das untere Raster ein, wenn die Antwort „ja" war. Trage ein O ein, wenn die Antwort „nein" war.

The player who has 5 X first is the winner.
Der Spieler, der zuerst 5 X hat, hat gewonnen.

For turboworkers: Form positive and negative sentences.

Examples:
*Dave **played** football last weekend.*
*He **didn't play** football in the morning.*

PIMP YOUR ENGLISH LESSON!

ISBN 978-3-8346-4223-3 | www.verlagruhr.de

KV 11:

PICTURE POSTCARDS FROM … LA?

1. **Imagine you are in a travel agency with a friend, and you are looking at pictures of different places. Choose two postcards: One of a place where you'd like to spend your next holidays, one of a place where you wouldn't like to go.**
2. **Tell your friend why you'd like to go to the first place and why you wouldn't like to go to the second place. Use a gerund after the following verbs:**

 (to) … love – enjoy – be crazy about – be interested in – be good at – like

 (to) … hate – dislike – be not good at – be tired of – find … boring

Examples:
I'd like to go to the beach because I'm crazy about surfing.
I wouldn't like to go hiking in the Grand Canyon because I hate hiking when it's too hot.

3. **Having talked about both places, move on to the next set of postcards.**

What you can do at the different places:

Nature / mountains
hike – go skiing / hit the slopes – take photos of nature – ride a horse – have great views from the mountain tops – observe animals – have a picnic

Beach
swim – take a walk along the beach – relax at the beach – take a boat tour – stay in a hotel close to the beach – play beach volleyball – get a sun tan – surf – build a sand castle – fly a kite – watch the sunset – listen to the waves

Cities
go shopping – visit famous sights / museums / churches – walk a lot – relax in a café – take a boat tour – climb a tower – have a great view from a tower – see a big city by night – stay in a hotel in the city centre – have lunch in a nice restaurant – go on a sightseeing tour

ISBN 978-3-8346-4223-3 | www.verlagruhr.de

KV 12

SO MANY PROBLEMS TO SOLVE! (1/2)

1. **Each player gets one problem card. Shuffle the advice cards. Then, give each player the same number of advice cards.**
2. **Player 1 begins. He says which problem he has. Player 2 looks at his cards. If he has some good advice for player 1, he gives his advice using an if-clause, e.g.: *If I had a sore throat, I would/wouldn't …***

   If he has got more advice for partner 1, he gives these pieces of advice. He gets a point for each correctly formulated piece of advice. Player 1 checks whether the sentence is formulated correctly with the help of his problem card.
3. **Then, it's player 3's turn to give player 1 some advice. Player 4 follows. Note: Player 1 cannot give himself any advice.**
4. **Next, player 2 says which problem he has, and the others try to help him.**
5. **The winner is the student with the highest number of points.**

Problem: My grades in English are bad. *If my grades in English were bad, I …* → *would learn/study/participate/read/watch …* → *wouldn't forget …*	**Problem:** I'm ill. *If I were ill, I …* → *would go/take/dress/drink/watch …* → *wouldn't go …*
Advice: learn the vocabulary words regularly	**Advice:** go to the doctor
Advice: learn the irregular verbs regularly	**Advice:** not go outside but stay at home
Advice: not forget my homework	**Advice:** not go to school
Advice: study a lot for the tests	**Advice:** take a hot bath

PIMP YOUR ENGLISH LESSON!

ISBN 978-3-8346-4223-3 | www.verlagruhr.de

KV 12:

KV 12

SO MANY PROBLEMS TO SOLVE! (2/2)

Advice: participate more in the English lessons	**Advice:** dress warmly
Advice: read books in English	**Advice:** drink a cup of hot tea
Advice: watch films in English	**Advice:** not meet my friends
Problem: My mother reads my diary. *If my mother read my diary, I …* → *would hide/start/tell/put/buy/write …* → *wouldn't leave …*	**Problem:** My brother always steals my cookies. *If my brother stole my cookies, I …* → *would hide/eat/steal/buy/tell/install/inform …*
Advice: hide my diary	**Advice:** hide the cookies
Advice: start a new diary on my computer	**Advice:** eat the cookies quickly
Advice: not leave my diary in my room	**Advice:** steal his cookies, too
Advice: tell my mother she needs to respect my privacy	**Advice:** buy a second packet of cookies just for him
Advice: put the diary into a drawer which can be locked	**Advice:** tell my brother we can share my cookies if we can share his ones, too
Advice: buy a diary with a key	**Advice:** install a video camera in my room to catch the cookie thief
Advice: write a new diary with lots of funny stories – just for my mum	**Advice:** inform the police about the cookie thief

PIMP YOUR ENGLISH LESSON!

ISBN 978-3-8346-4223-3 | www.verlagruhr.de